Karma-Coaching

Umschlagbild: Aldona Sassek

Stefan A. Richter

Karma-Coaching
Bewusstes Arbeiten am Schicksal

Bibliografische Information der Deutschen Nationalbibliothek
Die Deutsche Nationalbibliothek verzeichnet diese Publikation in der Deutschen Nationalbibliografie; detaillierte bibliografische Daten sind im Internet über http://dnb.dnb.de abrufbar.

© 2014 Stefan A. Richter

Satz, Umschlaggestaltung, Herstellung und Verlag:
BoD – Books on Demand
ISBN 978-3-7322-9703-0

Inhalt

Vorwort	7
Das Weltbild unseres Kulturkreises	9
Mein Weltbild	15
Der Geist	19
Die Seele	23
Der Körper	33
Das Spiel des Lebens	35
Karma	39
Erster Aspekt: bisheriges Karma muss aufgelöst werden	41
Zweiter Aspekt: Aufbau neuen Karmas sollte verhindert werden	47
Hilfreiches für den Weg (kein Karma mehr aufzubauen)	51
I) Triff definitive Entscheidungen	53
II) Setze Deine Ziele.	57
III) Nutze jede Möglichkeit im Alltag Bewusstsein zu fördern.	61
IV) Höre auf, Dich als Opfer zu fühlen,	63
V) Mach dir klar, dass es nichts und niemandem zu vergeben gibt,	65
VI) Mach Dir immer wieder klar, dass die Lösung nicht im Tun liegt.	67
VII) Lerne richtig zu beten	71
VIII) Lebe bewusst im Hier und Jetzt	75
IX) Lerne Gefühle und Emotionen zu beherrschen	81
X) Liebe alles und jeden.	87
Anhang 1: Das Christentum als Grundlage unseres irrtümlichen Denkens, Fühlen und Handelns.	93
Anhang 2: Was sagt die Bibel zur Erschaffung von Himmel und Erde?	103
Anhang 3: Habe ich Entscheidungsfreiheit durch einen freien Willen?	105
Anhang 4: Gibt es Schuld?	113

Vorwort

Als Platon auf seinem Totenbett 348 v.Ch. gebeten wurde, die Quintessenz seiner Lehre in einem Satz zu formulieren, antwortete er: „Übe zu sterben!"
Bereits früher hatte er sie bestimmt als „phaidros melete thanathou", sprich als die Praxis und Vorbereitung auf den Tod.

Wenn mit dem Tod nicht alles vorbei ist, sondern es (auch für mich) weitergeht, ist es natürlich sinnvoll, sich hauptsächlich um Dinge zu kümmern, die auch nach dem Ende des physischen Körpers noch Bestand haben, bzw. dann gesteigerte, vielleicht sogar ausschließliche Bedeutung besitzen.

Um es in einem Sinnbild auszudrücken: Wenn jemand im Gefängnis sitzt und weiß, dass er in wenigen Monaten entlassen wird, macht es wenig Sinn für ihn, sich mit der Gefängnisordnung zu beschäftigen (obwohl er die natürlich nicht ganz ignorieren kann), sondern dann wäre es sinnvoller, sich auf das Leben in „Freiheit" außerhalb des Gefängnisses vorzubereiten, z.B. eine berufliche Ausbildung zu machen. So kann er seine Chancen erhöhen, nach seiner Entlassung ein problemfreies Leben in der Gesellschaft zu führen und auf diese Weise der Gefahr vorbeugen, durch alte Gewohnheiten wieder in den Sumpf der Kriminalität gezogen zu werden und dann früher oder später wieder im Gefängnis zu sitzen.

Dabei sind im Wesentlichen zwei verschiedene Aspekte von Bedeutung:

1) Wie finde ich mich nach meinem physischen Ableben zurecht, das heißt wie kann ich mich auf die Umstände meines Lebens nach dem Tod vorbereiten?
Kein vernünftiger Mensch würde eine Bergtour in unbe-

kanntes Gelände unternehmen ohne sich vorzubereiten, sich beispielsweise eine Karte des Gebietes zu besorgen, Informationen übers Wetter einzuholen und sich demgemäß mit Kleidung und Nahrungsmittelreserven zu versorgen.
Die wichtigste „Tour" in unbekanntes Gebiet steht uns allen aber nach dem Übergang des Sterbens bevor.

2) Wie kann ich Dinge gestalten, die meine Rückkehr in die materielle Welt beeinflussen?
Um aus dem Rad des Samsara (Kreislauf der Wiedergeburten) aussteigen zu können, ist es notwendig Bewusstsein zu schaffen. Was hält mich in diesem Rad, wie kann ich das (was mich darin hält) auflösen?

Mit beiden Aspekten beschäftigt sich dieses Buch.

Möge es Ihnen ein hilfreicher Ratgeber bei oben genannter Tour des Lebens sein.
Möge es Ihr Herz warm, leicht und frei machen, und möge es ihrem Herzen Ruhe bringen, wie im Gedicht von Ephides beschrieben:

Bringst mit der Wahrheit Du
auch nur ein Herz zur Ruh`,
Ein einz`ges Herz, das, dürstend aufgetan,
aus Deinen Händen nimmt den Becher an,
Genesung trinkend von der Erde Wahn,
dann Wahrheitskünder ist Dein Werk getan.

Wolkering, zu Weihnachten 2o13

PS: Zitate, die ich bereits früher verwendet habe, sind nicht näher bezeichnet. Wer genauere Informationen zu diesen möchte, kann sie in meinem Buch „Die Esoterik-Falle" nachlesen. Zitate, die noch nicht in früheren Werken verwendet wurden, sind mit Autor, Werk und Seitenzahl gekennzeichnet.

Das Weltbild unseres Kulturkreises

Jeder Mensch hat ein subjektives Weltbild; ob er das nun als subjektiv erkennt oder nicht, ob er es glaubt oder nicht, ob er es bewusst formt oder dumpf im Unterbewusstsein hält. Dieses, sein Weltbild, nimmt immer entscheidenden Einfluss auf sein Denken, sein Fühlen und sein Tun, seine gesamte Existenz.

Wenn Sie Ihre Mitmenschen ein bisschen beobachten, werden Sie feststellen, dass das Weltbild der Menschen eine ziemlich zementierte Sache ist, bei der jeder Einzelne meint, die „Wahrheit" zu kennen, die er dann auch gegen jede Veränderung verteidigt. Nur sehr wenige Menschen sind offen und bereit ihr Weltbild durch neue Ideen oder Fakten verändern zu lassen.

In unserer „modernen" Gesellschaft hängen die meisten Menschen einem sehr materiellen Weltbild an, das sie beeinflusst und steuert. Dieses oberflächliche Weltbild wird bewusst gefördert von der Wirtschaft, der Presse, der Werbung, der Filmindustrie, der Politik, der Wissenschaft, der Medizin, der Psychologie, um nur einige der wichtigsten Einflussfaktoren zu nennen.

Grundsätzlich ist seit langer Zeit eine Verschiebung der Prioritäten der Menschen in Richtung Körperlichkeit/Materie zu beobachten.
Sportler und ihre Veranstaltungen (Welt-, Europa- und andere Meisterschaften, Olympiaden, Bundesligen, Weltcups usw.) werden immer wichtiger.

Altern ist nicht erwünscht, würdevolles selbiges selten, Falten schon gleich gar nicht, da muss pfundweise Botox gespritzt werden. Natürliche Körper werden als nicht schön genug empfunden; Rippen werden entfernt, um eine schmalere Taille zu bekommen, Busen vergrößert, Lippen aufgespritzt, Fett abgesaugt; in Amerika ist es

nicht ungewöhnlich, dass Sechzehnjährige eine „neue" Nase zum Geburtstag bekommen.
Sexualität ist zum Verbrauchsgut verkommen, jede Perversion wird bedient, zur Not im Internet. Das ist eine andere Seite, eine starke Tendenz die Natur und Natürlichkeit durch virtuelle Welten zu ersetzen; Menschen, die ich noch nie gesehen habe, werden als Freunde bezeichnet, einfach nur weil sie in meinem sozialen Netzwerk sind, es wird gechattet, getwittert, getweeted, getagged, geposted, gestreamed, geliked, gesimsed, online-Spiele gespielt, down- und upgeloaded ...

Der japanische Psychiater Tamaki Saito schätzt, dass es in Japan inzwischen mehr als eine Million "Hikikomori" gibt, junge Menschen im Alter zwischen 2o und 3o, die sich einfach völlig aus der Gesellschaft zurückgezogen haben[1].

Wer Wert auf größere Tiefgründigkeit legt, ist oft verfangen in religiösen Vorstellungen, in unserem Kulturkreis meist im Christentum[2], mehr und mehr auch dem Islam.

---

1   Zitiert aus einem Artikel der Deutschen Welle:
    Japans verschwundene Jugend
    Die Hartgesottenen unter den „Hikikomori" bringen es auf über 2o Jahre. Sie verkriechen sich in den eigenen 4 Wänden, isoliert und ohne jeglichen Kotakt zur Außenwelt. Zwölf Jahre dauerte das Einsiedlerdasein von Yuichi Kurita. Der heute 34-jährige hatte sich in seinem Zimmer verkrochen, schlief bis zum Nachmittag, frühstückte am Abend, sah die ganze Nacht fern, las Mangas oder spielte Computer bis in die Früh. Die Türe stets verschlossen, hatte er keinen Kontakt zur Außenwelt. Yuichi Kurita war ein in „Hikikomori" (zu Deutsch: „sich zurück ziehen") und in Japan kein Einzelfall: Immer mehr junge Menschen verschanzen sich dort in ihren eigenen vier Wänden, manchmal jahrelang, ihr Kontakt zur Außenwelt beschränkt sich aufs Telefon und Internet. Japan-Expertin Susanne Kreitz-Sandberg weiß: „In Extremfällen ist es tatsächlich so, dass sie auch nicht mehr in die Schule oder zur Arbeit gehen, und dass die Eltern ihnen das Essen nur noch durch den Türspalt schieben können."

2   Ein paar ausführlichere Gedanken zum Christentum im Anhang 1

Beide sind abrahamitische Religionen, gegründet auf jüdische Tradition (und unterliegen damit dem frauenverachtenden Weltbild des Judentums[3]). Sie predigen Liebe und bringen Leid in diese Welt; dabei arbeiten sie gerne mit den „Instrumenten" Angst und Schuldgefühle, mit denen sich hervorragend manipulieren lässt, ganz speziell wenn im Instrumentendreiklang noch das Wundermittel „Erlösung" angeboten werden kann.
Ein jeder mag sie am Jesuswort messen: „An ihren Früchten sollt ihr sie erkennen". Mathäus 7.20

Wer sich von den Irrwegen der Religionen befreit hat, verfängt sich oft in den Irrungen und Wirrungen der Esoterik, die mit tausenden von Büchern ganz eigene Fallstricke legt[4].

Um der Wahrheit oder der Wirklichkeit auf die Spur zu kommen, muss man die ausgetretenen Pfade der Gesellschaft verlassen. Und auch dabei gibt es Hilfestellungen: gute spirituelle Literatur, das hinterlassene Wissen der Mystiker und der Erleuchteten aller Zeiten und die Aussagen der alten Kulturen.

Unserem heutigen kulturellen Denken ist es jedoch zu eigen, dass wir uns für die Krone der Entwicklung halten. Krone der Entwicklung in dem Sinn, dass wir uns allem anderen Leben überlegen fühlen: Tieren, Pflanzen, Steinen, der Mutter Erde usw. Aber wir empfinden uns auch als weiter entwickelt (überlegen) gegenüber früheren Kulturen, Menschengeschlechtern und –rassen. Die allermeisten Menschen glauben irrtümlicher-

---

3 Orthodoxe Juden beten noch heute folgendes Gebet als Teil der 18 Segnungen: „Gesegnet bist Du Herr unser Gott, König des Universums, dass Du mich nicht zum Heiden, ... zum Sklaven, ... zur Frau gemacht hast."
übrigens dem Hauptgrund der verantwortungslosen Ausplünderung unseres Planeten. In jeder Kultur gilt Mutter Erde als weiblich und der Himmel als männlich.
4 siehe mein Buch: „Die Esoterik-Falle"

weise auch, dass der Mensch das einzige intelligente, sich selbst bewusste Wesen ist, eben die Krone der Schöpfung.

Der Psychologe und Völkerkundler Holger Kalweit fasst es so zusammen: „Die Betrachtung alter Kulturen unterliegt in modernen Gesellschafen stets der Abwertung, der Verstümmelung, der Fantasterei und Übertreibung oder und vor allem dem Weglassen. Alles, was geschichtlich weit zurück liegt, wird grundsätzlich auch geistig, wirtschaftlich, wissenschaftlich und religiös *unter* einem stehend betrachtet. Dies ist ein grotesker, krankhafter Zug der modernen Gesellschaft. Alles, worüber man keine Kenntnis besitzt, wird abgelehnt aus Angst vor dem Neuen, aus Schock, es gibt etwas anderes als das Eigene, dann kommt die Abwehrreaktion, man verballhornt, verdreht und belustigt sich über das andere und beschreibt es in den nachteiligsten Zügen. Wenn nun eine Kultur lange vor der unseren bestand, so erfährt sie sofort eine negative Einschätzung. Was alt ist, ist immer schlecht, oder es ist so unverstanden, dass es ins Mythologische gehoben wird. Und unter Mythos versteht man gehobene Fantasterei.
Ein Problem zeitgenössischer Betrachtungsweisen alter Kulturen ist wie gesagt die Unkenntnis des Todesreiches, die Ablehnung der Existenz des Todes, aus Angst, selber sterben zu müssen. Das ist eine kulturelle Krankheit."
Holger Kalweit, Totenbuch der Kelten, S.19

Alles, was früher war, ist uns heute „primitiv" und minderwertig. Dass uns frühere Kulturen oder sogar frühere Menschengeschlechter weit voraus waren, sowohl moralisch, technisch, psychologisch, im Verständnis der Welt und anderer Welten, wird von uns strikt abgelehnt. Alles überlieferte aus alter Zeit wird abgetan als Mythen, Aberglaube oder primitive Weltanschauung, bestenfalls als archetypische Betrachtungsweisen.
Dass ältere Kulturen Bauten errichteten, die wir selbst mit modernster Hochtechnologie nicht erbauen könnten,

etwa die Pyramiden, wird verdrängt und verschwiegen. Wie beispielsweise auch die Meisterleistungen der Megalithkulturen, in der Steine, die Hunderte von Tonnen schwer waren, so behauen wurden, dass beim Aufeinandersetzen derselben im gesamten Bauwerk an keiner Stelle auch nur ein Blatt Papier zwischen die Blöcke passte und so, ohne auch nur ein Gramm Mörtel oder Zement zu benutzen, erdbebensichere Riesenbauten entstanden. Und das zu einer Zeit, in der nach unseren Vorstellungen gerade mal eben Bronzewerkzeuge zum Behauen der Steine zur Verfügung standen. Und wie Menschen der Steinzeit hunderte von Tonnen schwere (schon perfekt behauene) Steine dutzende von Metern hoch und dann da in die, auf beiden Steine vorbehandelte Stellung gebracht haben sollen, darüber schweigt die Wissenschaft; erhebt aber trotzdem den Anspruch, die Wahrheit über jene Kulturen zu verkünden.

Wahrheit ist, dass alle alten Kulturen mehr Wissen hatten und haben über das, was wirklich wichtig ist, um menschliches Leben zu verstehen und einzubinden in einen größeren Zusammenhang.
Wahrheit ist, dass der moderne Mensch unseres Kulturkreises (fast mag man das Wort Kultur in diesem Zusammenhang gar nicht in den Mund nehmen) im Verständnis, was Menschsein bedeutet, einen absoluten Tiefpunkt in der gesamten Menschheitsgeschichte erreicht hat.
Die Frage, ob das „aus Versehen" geschehen ist oder nicht sogar gezielt, sprich gewollt herbeigeführt wurde, ist wieder ein ganz anderes Themengebiet, das hier zu erörtern zu weit führen würde.

Mein Weltbild

Das nun im folgenden vorgestellte Weltbild ist mein ganz persönliches Weltbild. Es erhebt keinen Anspruch jedweder Art, weder hundertprozentig richtig zu sein, noch die ganze, die volle Wahrheit zu erfassen.
Es erhebt aber den Anspruch, dass die Suche meines gesamten Lebens nach dem Sinn des Lebens in diesem Weltbild gipfelt. Meines Erachtens beschreibt es ein sinnvolleres Weltbild als die Weltbilder, die uns von den Religionen (mit Ausnahme des Buddhismus, der aber im strengen Sinn keine Religion darstellt) und der Esoterik geliefert werden.
Sinnvoller deshalb, weil es danach kein Pech, kein Glück, keinen Zufall gibt, nichts schief laufen kann, keine falschen Entscheidungen getroffen und keine Fehler gemacht werden können, weil keine Schuld und keine Sünden darin vorkommen, deshalb auch keine Bestrafung.
Es befriedigt meinen Verstand, weil es in sich schlüssig und widerspruchsfrei[5] ist und mein Gefühl, weil es gerecht ist.
Außerdem garantiert es ein *happy end* für alle Beteiligten. Und das gefällt meinem einfachen Gemüt. ☺

Mein Ziel ist es, bei der Darstellung meines Weltbildes und aller daraus abgeleiteten Folgerungen eine möglichst

---

5 ein Beispiel: so soll Gott den Menschen als Krone der Schöpfung erschaffen und ihn mit einem freien Willen ausgestattet haben. Wenn dieser seinen freien Willen nutzt, kann er dafür dann mit ewiger Verdammnis bestraft werden! ???
ein anderes Beispiel: Gott ist alles, was ist, also auch jede einzelne Seele. Solche sollen im Sündenfall von Gott abgefallen sein. Fällt jetzt Gott von sich selber ab, und bestraft sich selber dann auch noch dafür?
Ein drittes Beispiel: Gott opfert seinen eingeborenen Sohn um die Menschheit zu erlösen. Wem opfert der allmächtige Gott seinen Sohn; und warum muss er ihn opfern, da er doch allmächtig ist???

einfache und klare Formulierung zu wählen, es so simpel wie möglich darzustellen.

Dazu beschränke ich mich auf die wirklich wesentlichen Gedanken; zu ganz vielen Aussagen in diesem Buch könnten philosophische Details, tiefere Ausführungen, Ergänzungen und Einzelheiten gesagt werden, die wiederum ganze eigene Bücher füllen könnten. Dies kann von großem Interesse für den forschenden Intellekt sein, für ein Verständnis der essentiellen Wahrheiten sind sie jedoch nicht erforderlich. Oft besteht sogar die Gefahr, dass die entstehende Komplexität eher hinderlich ist und dazu führen kann, sich in den Gedanken zu verlaufen, zu verzetteln, sogar zur Sucht auszuufern und so vom Weg im Inneren abzuhalten.

Letztendlich kann die endgültige Wahrheit ohnehin weder in Worte gefasst, noch von unserem Verstand erfasst werden[6]; oft wird sie als paradox[7] empfunden, weshalb

---

6 „Der Buddha sagte, es sei unmöglich, Dies in Worten zu vermitteln. Sagen wir also im Sinne dessen, was wir als das Paradox der Zeitlosigkeit kennengelernt haben, dass der Buddha, den es nie gegeben hat, den Versuch unternahm, das Nichtmitteilbare mitzuteilen, und prompt missverstanden wurde, wenngleich niemand da war, der ihn hätte missverstehen können". „Das Buch Niemand", Richard Sylvester, S. 220

7 Schauen wir uns das Beispiel eines Paradoxon an: Stellen wir uns zwei geometrische Figuren vor: ein Dreieck und einen Kreis. Die Aufgabe, beide Figuren deckungsgleich (kongruent) zu bringen ohne sie zu verändern, entspricht einem Paradoxon. Die Aufgabe ist schlichtweg nicht lösbar.
Und doch gibt es eine Lösung. Dreieck und Kreis sind zweidimensionale Figuren, die Lösung liegt in der dritten Dimension. Stellen Sie sich bitte einen Kegel vor. Projiziert man diesen Kegel auf die zweite Dimension (z.B. eine Leinwand), indem man ihn mit Licht bestrahlt, so erhält man ein Dreieck, wenn man den Kegel von der Seite anstrahlt. Beleuchtet man den Kegel von oben oder unten, so erhält man einen Kreis. Die Krux dabei ist, dass für Wesen, die in zweidimensionalem Denken verhaftet sind, die Lösung nicht auffindbar, nicht denkbar ist.

alle geistigen Lehrer der Menschheit Bilder und Gleichnisse bemühen mussten.

In einer Diskussion ist es immer gut mit einem gemeinsamen Standpunkt zu beginnen. Ich denke, dass die allermeisten Menschen darin übereinstimmen, dass der Mensch ein dreigeteiltes, ein dreidimensionales Wesen[8] ist:

Körper, Seele und Geist.

Damit wir im Folgenden die gleiche Sprache sprechen, will ich als erstes diese drei Dimensionen des Menschen näher erläutern.

Und genau hier ist die Lösung für Paradoxa, die unserem (dreidimensionalem) Denken und Bewusstsein unlogisch oder nicht lösbar, widersprüchlich erscheinen. Es gibt eine Lösung, die uns aber (noch) nicht zugänglich ist.
Also bleibt mir nichts anderes übrig als den vielen Erleuchteten und Erwachten zu glauben, die alle, unanhängig voneinander, übereinstimmend über Erdteile und Kulturen hinweg, von einer Lösung in einer höheren Dimension berichteten und bei dem Versuch uns diese Lösung näher zu bringen, viele unterschiedliche Bilder und Gleichnisse gebrauchten.

8 Aus der ersten Strophe des Textes über den Bardo: „Alle Erscheinungen manifestieren sich in der Form des dreifachen Körpers." Tibetisches Totenbuch

Der Geist

Viele Menschen verstehen unter dem Geist eines Menschen seinen Intellekt, die Fähigkeit zu denken, Zusammenhänge logisch begreifen und Schlussforderungen daraus ziehen zu können, was mit dem wirklichen Geist-Anteil des Menschen nichts zu tun hat.

Auf der anderen Seite gibt es über den reinen Geist nicht wirklich viel zu schreiben.

Der Geist ist „Alles, was ist".

Der Geist ist die absolute Wirklichkeit, ist das körper- und grenzenlose Bewusstsein, das sich selbst bewusste Nichts, das potentiell Alles enthält, aus dem alles geboren wird und in dem alles wieder verschwindet (wie ein Ton, der entsteht, eine Weile schwingt und dann wieder vergeht).

Er ist das, was in den Mythen der Völker als die Urmutter/Urvater[9] bezeichnet wird.

Andere Ausdrucksmöglichkeiten für den Geist: die reine Liebe oder klarstes Licht.

Holofeeling: „Du hast dann die Wirklichkeit erreicht. Sie ist die Quelle von „Allem" und dennoch ein unendliches „Nichts",

Ken Wilber spricht von einer „Leere, die eine Fülle ist",

Meister Eckehart und die christlichen Mystiker nannten es den Urgrund,

---

[9] In der aramäischen Peshitta-Version der Bibel, wird Gott als „*Awúhn d'bashmáya*", was wörtlich „Muttervater alles Geschaffenen" heißt, bezeichnet.
Ich bezeichne den Geist im folgenden als „er", was aber natürlich keine Geschlechtlichkeit implizieren soll!

Harry Palmer nennt es das Gewahrsein,

Prentice Mulford schreibt vom unendlichen Bewusstsein und der unendlichen Weisheit,

Goethe bezeichnete dies wechselnd als „Urquell", „Liebe" oder das „Ewig-Weibliche",
auch der Gnostiker Simon Magus sprach vom Urgrund des Ewig-Weiblichen.

Die Germanen bezeichnen es als Asgard, das All-Eine.

Im Buddhismus wird es „Nirwana" oder das „Bardo der höchsten Wirklichkeit"[10] genannt,

im Hinduismus repräsentiert durch Brahman[11],

In der chinesischen Philosophie: das Tao.

Richard Sylvester: „Es gibt nur Nichts, in dem alles in Erscheinung tritt. Das erscheinende Alles ist nicht verschieden vom Nichts.""Das Buch Niemand, S. 221
Reiner Geist ist, was Du wirklich bist:

---

[10] „Wenn die logisch verketteten Gedanken verschwimmen (Gedanken, die mit störenden Emotionen wie Zuneigung, Abneigung, Eifersucht und anderen verbunden sind), erkennt man das, was immer gewesen ist: das klare Licht der höchsten Wirklichkeit." „In diesem Moment manifestiert sich das Klare Licht der eigentlichen Natur unseres Geistes." „Leben, Sterben, Wiedergeburt" Lama Karta, S. 41

[11] Brahman bezeichnet im Hinduismus eine unveränderliche und transzendente Realität, aus der alle Materie hervorgeht. Brahman ist ein unpersönliches Konzept vom Göttlichen, das keinen Schöpfer und keinen Lenker beinhaltet, ein Urgrund des Seins, eine höhere Dimension, ohne Anfang und ohne Ende. Brahman ist nicht definierbar in Raum und Zeit.
Swami Sivananda schrieb über Brahman: „Wer Brahman verwirklicht hat, wird still. Absolutes Glück ist die höchste Wirklichkeit"; AdV: vergleichbar mit der Eudaimonia der griechischen Philosophen.

In der tiefsten Wirklichkeit ist das grenzenlose reine Bewusstsein das wahre Selbst des Menschen, das bei allen Wahrnehmungen, Gedanken und Gefühlen unverändert bleibt.

Dr. John Wheeler, ein berühmter Physiker der Princeton University und Zeitgenosse Einsteins greift in der Sprache der Wissenschaft des zwanzigsten Jahrhundert auf, was uralte Traditionen vor Jahrtausenden schon wussten: „Das Bewusstsein ist Schöpfer!"

Adyashanti: „Ihr seid die göttliche Leere, das unendliche Nichts. Das weiß ich, weil ich bin, was ihr seid und ihr seid, was ich bin."

Bei Neal Donald Walsh sagt Gott: „Alle Dinge sind ein Ding. Es gibt nur ein Ding und alle Dinge sind Bestandteil dieses einen Dings, das ist."

Jesus nannte dieses „Alles, was ist", diesen Urgrund oder die Quelle alles Seins auch gerne „das Licht".
„Jesus sagte: Wenn die Leute zu euch sagen: Woher seid ihr gekommen? – so sagt ihnen: Wir sind aus dem Licht gekommen, aus dem Ort, wo das Licht aus sich selbst entstanden ist:" Logion 50, koptisches Thomasevangelium

„Ihr seid allzumal Kinder des Lichtes und Kinder des Tages; wir sind nicht von der Nacht noch von der Finsternis. So lasset uns nun nicht schlafen wie die andern, sondern lasset uns wachen ..."1-Thessalonicher 5,5-6

Max Plank formuliert: „Meine Herren, als Physiker, der sein ganzes Leben der nüchternen Wissenschaft, der Erforschung der Materie widmete, bin ich sicher von dem Verdacht frei, für einen Schwarmgeist gehalten zu werden ... Alle Materie entsteht und besteht nur durch eine Kraft ... so müssen wir hinter dieser Kraft einen bewussten intelligenten Geist annehmen. Dieser Geist ist der Urgrund aller Materie ... so scheue ich mich nicht, diesen geheimnisvollen Schöpfer ebenso zu benennen, wie ihn alle Kulturvölker der Erde früherer Jahrtausende genannt haben: Gott!

Die Seele

Aus diesem Nichts, dem Geist, dem Licht wird durch Absenkung der Schwingung in ewiger Geburt ein „Ich bin"[2-Moses 3;] geboren: GOTT. Aber nicht nur GOTT sondern auch alle anderen „Ich bins"[12], „punktuelles Bewusstsein", so auch meine Seele[13].
Meister Eckhart formuliert diesen Tatbestand folgendermaßen: „Im Urgrund sind Gott und ich eins."

Warum nun geschieht diese Absenkung der Schwingung? Mein begrenzter Intellekt, der niemals imstande sein kann, die höheren Schwingungen und Inhalte derselben zu erfassen, erklärt es sich so: Der reine Geist erforscht sich selbst. Er versucht, sich selbst in allen möglichen Ausformungen in seiner Gänze zu erfahren und zum Ausdruck zu bringen[14]. Dazu schafft er sich Bedingungen, unter denen er dies tun kann.

---

12 Meister Eckhart drückt es klar und deutlich aus: „Gott gebiert seinen eingeborenen Sohn jetzt und ewiglich in einer jeden Seele ... Ohne Unterlass gebiert der Vater seinen Sohn. Darüber hinaus sage ich: Mich gebiert er als seinen Sohn. Und noch mehr: Er gebiert mich als sich selbst und sich als mich. Er gebiert mich als sein eigenes Wesen, seine eigene Natur. In dem innersten Quell, da quelle ich aus dem Heiligen Geist; da ist nur ein Leben, ein Wesen, ein Werken."

13 Holger Kalweit beschreibt dies wie folgt: „Die Seele ist sozusagen geronnener Geist." Sie ist Produkt einer Entscheidung und eines Prozesses des Geistes.
Die Entscheidung, sich gerinnen zu lassen (sprich: seine Schwingung abzusenken), trifft also der Geist; deshalb kann die Seele nicht schuldig daran geworden sein, indem sie abfiel. Demgemäß ist also jedes Weltbild, das von einem Abfall der Seelen spricht, nicht stimmig und in sich nicht schlüssig!

14 Im Buch „das unpersönliche Leben" bestätigt Gott:
„Ja, ich tue es durch dich, da du ein Ausdruck von mir bist, da allein durch dich, meine Eigenschaft, Ich mein Selbst ausdrücken kann, Ich SEIN kann. ICH BIN, weil Du bist. Du bist, weil ICH mein SELBST zum Ausdruck bringe."

In der Geschichte vom verlorenen Sohn bringt uns Jesus diesen Umstand näher. Lukas-Evangelium 15,11
Der Sohn verlässt das Vaterhaus, um in die Fremde zu gehen.

Interpretation der Kirche: Er verlässt das Vaterhaus aus Hochmut, aus egoistischen Gründen, der klassische Abfall der Seelen von Gott, der Sündenfall, so wie er uns von der Kirche verkauft wird. Damit ist Schuld in der Welt, jeder Einzelne hat verschiss... auch wenn er selber alles richtig macht, weil es ja die Erbsünde gibt und der kann man nicht entkommen. ☹

Im „Gesang des Apostels Judas Thomas im Lande der Inder", bekannt auch als „das Perlenlied", wird ein völlig anderer Ursprung der Reise geschildert. Hier wird der Sohn von den Eltern mit einem genau definierten Auftrag entsandt. Sie schließen einen Vertrag mit ihm und schreiben diesen in sein Herz, sozusagen als Garant für seine Rückkehr[15]. ☺

Im Licht (Geist) fühlen sich alle Lichter („Ich bins") miteinander verbunden, mehr noch als vollkommenes Einssein. Da unserem Tagesbewusstsein die höheren Dimensionen, in denen das Licht *ist*, nicht zugänglich sind, hier ein dreidimensionales Beispiel, sozusagen herunter transformiert: alle Lichter bilden eine holografische Einheit.

---

15 „Als ich ein kleines Kind war und in meinem Königreiche, in meinem Vaterhause, wohnte und mich erfreute am Reichtum und an der Pracht meiner Erzieher, entsandten mich meine Eltern vom Osten, unserer Heimat, nachdem sie mich ausgerüstet hatten .... Und sie schlossen mit mir einen Vertrag, und schrieben ihn mir in mein Herz, damit er nicht in Vergessenheit gerate: Wenn du nach Ägypten (AdV.: das Reich von Raum und Zeit) hinabsteigst und die Perle bringst, die in der Mitte des Meeres ist, das der zischende Drache umschließt, dann sollst du dich wiederum in dein strahlendes Gewand und in deine Toga kleiden, die darauf liegt, und sollst mit deinem Bruder, unserem zweiten, Erbe in unserem Reich sein."

Jeder Punkt eines Hologramms hinterlässt seine „Spuren" im Wellenmuster des gesamten Ganzen. Anders herum enthält jedes Teil des Hologramms die Information des Ganzen; wenn ein Hologramm „zerbricht", enthält jedes Einzelstück das ganze vollkommene Bild.

Wenn also eine Seele den Urgrund oder das Licht verlässt, dann tut sie das „im Auftrag" des Lichtes um Erfahrungen zu machen[16]. Diese gemachten Erfahrungen werden aufgrund des holografischen Charakters des Lichts zu Erfahrungen aller Lichter, aller „Ich bins". Die einzelne Seele macht ihre Erfahrungen quasi stellvertretend für das Ganze.
Konkret gesagt: die Seelen sind das Hilfsmittel, mittels dessen das Ganze, der Geist sich selbst erforscht und sich darüber hinaus auch ausdrückt.

Seelen existieren also im Geist, haben den Geist nie verlassen, leiden aber unter der Illusion dies sei tatsächlich geschehen. Der Geist träumt (lediglich) einen Traum, er spielt das Spiel des Lebens.

Durch die Verlangsamung der Schwingung des reinen Geistes entstehen vier besondere Bedingungen:

1. die Geburt eines punktuellem Bewusstseins, dem Ich-Bewusstsein, eines Egos, in diesem Fall die Geburt eines Seelenegos
2. Gefühle
3. Gedanken
4. Sinneseindrücke

So wie der körperliche Mensch unter den Bedingungen

---

[16] Damit wird auch der tiefste Sinn des Lebens klar: Seelen sind nicht auf der Erde um zu lernen (wieder so ein Gedanke, der mich in die esoterische Irre führt. Wenn ich noch lernen muss, bin ich noch nicht gut genug, geschweige denn vollkommen, was ich wahrhaft jedoch bin), **sondern um Erfahrungen zu machen, sich selbst stellvertretend für das Ganze zu erfahren.**

seiner Dimension (siehe weiter unten) lebt, so erlebt die Seele ihr Dasein in der Umwelt, die aus den genannten vier Faktoren besteht. Die Gefühle und die Gedanken aller Seelen zusammen bestimmen den subatomaren, nichtsdestotrotz bereits materiellen Lebensraum der Seelen. Viele Kulturen hatten verschiedene Namen dafür:
Äther oder Pneuma, Urstoff oder Plasma, das Jenseits, das Hel der Germanen (daraus abgeleitet: Hölle der Christen), die Anderswelt der Kelten, Tartaros und Hades in der griechischen Mythologie oder den tibetischen Bardos; vielleicht vergleichbar mit den Ideen der Quantenphysik, mit der Nullpunktfluktuation eines Quantenfeldes, genannt auch das Quantenrauschen (auch Quantenschaum).

Das Gefühl des vollkommenen Einsseins geht bei Beginn des Traumes verloren. Eine Erfahrung, die die Seele so nicht erwartet hat. Sie erlebt ein klassisches Konfliktschockerlebnis, das für sie existentiell ist, bei dem sie völlig überrascht, sozusagen auf „dem falschen Fuß erwischt wird", sie erlebt sich als machtlos und sie empfindet dieses Erlebnis isolativ. Die klassischen Bedingungen, die im System der „Germanischen Neuen Medizin"® nach Dr. Hamer[17] unweigerlich zu dem führen, was in der Schulmedizin als Krankheit angesehen wird.

Man kann sich vielleicht vorstellen, wie diese Gefühle des

---

[17] Stören Sie sich nicht am „Germanische". Dr. Hamer stellt mit dem System der Neuen Medizin biologische Grundgesetze vor. Grundgesetze, die ausnahmslos gelten und die wahren Ursachen von Krankheit und Heilung beschreiben.
Viele Informationen finden Sie im Internet unter: www.germanische-Heilkunde.at.
Dort können Sie sich auch über im Moment erhältliche Literatur informieren. Neue-mediz.in, neue-medizin.de, neuemedizin.com, machen Se sich doch einfach mal schlau ☺.
Des weitern empfehle ich, sich mit dieser Thematik zu beschäftigen, ehe Sie „krank" werden, denn: Es ist schwer, als Ertrinkender das Schwimmen zu lernen!
Als Nachschlagewerk für Zuhause empfehle ich „BioLogisches Heilwissen" von Rainer Körner.

Alleingelassenseins, des Verlustes der Einheit jetzt die Umwelt der „neugeborenen" Seele bilden und prägen, wenn man weiß, dass dieser Lebensraum der Seelen die Eigenschaft hat, wie ein perfekter Spiegel zu wirken; d.h. jeder Gedanke und jedes Gefühl verdichtet sich sofort zur (Pseudo-)Realität dieser Ebene, aber eben nur für diese eine Seele. Je nachdem mit welchen Gedanken und Gefühlen sich eine Seele beschäftigt, erschafft sie sich so ihren eigenen Himmel oder ihre eigene Hölle.
Dieser Umstand ist der Hintergrund von Platons Aussage im Vorwort, dass es sich lohnt, sich mit dem Sterben zu beschäftigen.

Ein weiteres Gefühl lernt die Seele hier und jetzt zum ersten Mal kennen: Angst. Die Angst, nicht mehr zurück zu können, woraus Minderwertigkeitsgefühle erwachsen können oder falsche Allmachtsphantasien, besser als Gott zu sein, oder die Angst, wegen des gemachten Fehlers bestraft zu werden. Des öfteren schlägt diese Angst um in Wut und Zorn gegen Gott (warum hast Du mich nur gehenlassen?!), die in einen „Kampf" gegen Gott einmünden. Dies wiederum führt die Seele oft in ein Bündnis mit der Dunkelheit gegen Gott. Manchmal führt es auch in starkes Leiden, nach dem Motto: je mehr ich leide, desto besser ist der Beweis, dass Gottes Schöpfung schlecht ist[18].

Ich denke, es ist nachvollziehbar, in welche Hölle die Seele fällt, nachdem sie das Vaterhaus verlassen hat. Es wird ihr keine „Eingewöhnungszeit" gewährt, sie ist sofort mittendrin im Spiel des Lebens; einem Spiel dessen Regeln sie nicht kennt und sich erst mühsam durch das Machen von Erfahrungen erarbeiten muss.
Stellen Sie sich vor, Sie würden durch irgendwelche Umstände plötzlich in ein Fußballspiel hineinversetzt, ohne die Regeln des Spieles zu kennen; sie wüssten nicht, dass es zwei Mannschaften gibt, schon gar nicht, dass Sie Mitglied in einer davon sind, dass manche mit Ihnen und

---

18 Einer meiner geistigen Lehrer, Dr. Peter Reiter: „Jede Krankheit ist Gotteslästerung."

andere gegen Sie spielen. Sie wüssten nicht, dass es um einen Ball und zwei Tore geht. Sie wüssten nicht, warum alle auf sie zulaufen, sie sogar körperlich attackieren, bloß weil sie in Ballbesitz sind, hätten keine Ahnung, was Abseits bedeutet; es wäre Ihnen unbekannt, wie lange ein Spiel dauert, dass es Halbzeiten gibt, was ein Foul ist usw.

Einschub: Ein völlig anderer Aspekt ergibt sich durch das Thema Organspende. Zur Zeit laufen massive Bemühungen, möglichst viele Menschen davon zu überzeugen, sich für eine Organspende zur Verfügung zu stellen und dies durch einen Organspenderausweise zu dokumentieren. Das Argument, das dabei benutzt wird: „Dann hat Ihr Tod wenigstens noch einen Sinn!". Hier wird die Allgemeinheit (wieder einmal) total für blöd verkauft, denn einem Toten kann kein Organ entnommen werden. Um trotzdem an Organe zu kommen, wurde der sogenannte „Hirntod" erfunden. Ein Hirntoter ist ein lebender Mensch!; hirntote Frauen können über Monate hinweg noch ein Kind austragen, hirntote Männer können Erektionen bekommen, über eine Ejakulation sogar Kinder zeugen, das Herz schlägt, die Leber entgiftet, die Nieren scheiden aus usw. und zwar ohne, dass dieser Mensch an irgendwelche Kabel oder Schläuche angeschlossen werden muss!!! Natürlich ist ein Mensch in diesem Stadium seiner Existenz nicht mehr in ein „normales" Leben zurückzuholen, aber das ist kein Sterbender.
Bei jeder Organentnahme wird also ein Mensch – ein Sterbender, aber trotzdem ein lebender Mensch – quasi geschlachtet und dann gefleddert.
Neben moralischen und ethischen Bedenken möchte ich dem Thema des Buches entsprechend auf die Folgen im Jenseits hinweisen. Der Schmerzkörper des Menschen wird bei so einer Prozedur extremst belastet; deshalb müssen die Spender bei ihrer Abschlachtung festgeschnallt werden, weil sie sonst so um sich schlagen würden, dass eine Organentnahme gar nicht möglich wäre. In der Schweiz ist es sogar Vorschrift, dass diese Menschen anästhesiert werden müssen.

Da der Schmerzkörper in die Seelenebene mitgenommen wird, kann sich jetzt jeder selber ausmalen, unter welchen Bedingungen diese Seele ihre Existenz im Jenseits fortsetzen muss, wo ja jedes Gefühl sofort äußere (Umwelt-)Realität wird.
Und des weiteren unter welchen Bedingungen der Start dieser Seele in ihrer nächsten Inkarnation stattfinden wird. Einschub Ende.

Wenn eine Seele nun die Entscheidung trifft[19] sich selbst noch tiefer zu erfahren oder ein bestimmtes Thema eingehender zu studieren (z.B. das Thema Schuld, Macht, Angst, Eifersucht, Gier usw.)[20], aufzuarbeiten, um sich mit ihren Gedanken und Gefühlen besser zu verstehen, die Konsequenzen von Gedanken, Gefühlen und Handlungen besser zu begreifen, hat sie die Möglichkeit, sich zu inkarnieren, d.h. ihre eigene Schwingung nochmals abzusenken, abzutauchen in die materielle Welt. Dadurch, dass die Zeit und der Raum die Dinge entzerren, gewissermaßen verlangsamen zu einer Superzeitlupe, wird die Situation übersichtlicher. Sie kann die Folgen, die ein Gefühl, ein Gedanke oder eine Handlung haben, jetzt in aller Ruhe entstehen sehen und Zusammenhänge begreifen. Wenn ihr dies ohne Anhaftung gelingt, macht sie neue Erfahrungen, entwickelt sie ein besseres Verständnis des Spiels des Lebens, völlig wertfrei und ohne jegliches Leiden.
Das Schlüsselwort hierbei ist „Anhaftung".

Wenn mein Sohn (6 Jahre alt) Rollenspiele macht, so ist

---

19 Wobei man auch die Überlegung anstellen kann, ob die Seele, sprich das Seelenego wirklich Entscheidungen treffen kann. Meines Erachtens kann sie das nicht, sondern unterliegt dem gleichen Irrtum wie wir mit dem menschlichen Ego. Geschöpft werden kann nur in der einzigen Realität, die existiert, dem Geist und auch nur dort werden Entscheidungen getroffen.
20 oft Themen, die uns von den Ahnen, die dieses Thema nicht lösen konnten, weitergegeben wurden.

er – sagen wir mal – ein Indianer. Dabei identifiziert er sich mit dieser Rolle und handelt ihr entsprechend, d.h. er fesselt beispielsweise seinen Freund an einen Marterpfahl. Zwei Stunden später hat er diese Rolle ausgekostet und er schlüpft in eine neue, vielleicht spielt er jetzt einen Finanzbeamten. Als ein solcher käme es ihm nie in den Sinn, einen Mitspieler an den Marterpfahl zu binden, sondern er haut mit Genuss Stempel auf „Formulare" und verschickt Mahnbescheide. Er schlüpft in Rollen und wieder heraus, völlig ohne Schwierigkeiten und ohne Anhaftung.

Das Problem beginnt, wenn eine Wesenheit (eine Seele, ein „Ich bin") sich mit der Rolle, die es gerade spielt, identifiziert, anders ausgedrückt ihr anhaftet. Durch diese Anhaftungen[21] verwickelt es sich in die Materie, in das Rad der Wiedergeburten (Samsara).

Jedes Spiel hat Spielregeln und so eben auch das Spiel des Lebens. Wobei auf unterschiedlichen Ebenen unterschiedliche Regeln gelten (können). So gilt auf der mate-

---

21 Nach Aussage Buddhas vor ca. 2500 Jahren gibt es nur drei Gründe für Leid:
1) **Dummheit** (über die geistigen Gesetze nicht Bescheid zu wissen), einschließlich der Verblendung und des Hochmuts
2) der Mensch will etwas, was er nicht hat (Begierde).
3) der Mensch will etwas, das er hat, nicht haben (Widerstand).

Begierde und Widerstand zusammen bilden die Anhaftung.

Jesus macht das Prinzip von Anhaftung durch Widerstand und Begierde am Beispiel der Sexualität deutlich: „Fürchte dich nicht vor der Geschlechtlichkeit! Brenne aber auch nicht darauf! Wenn du dich vor ihr fürchtest, so wird sie dich beherrschen. Wenn du darauf brennst, so wird sie dich verschlingen." Phillipus-Evangelium 62

Dr. Peter Reiter dazu: „Du musst werden wie Teflon, nichts darf an Dir haften bleiben!"

riellen Ebene beispielsweise das Gesetz der Schwerkraft, an das die Seele auf ihrer Ebene nicht gebunden ist.
Für sie gelten aber auch Regeln, wie etwa das Gesetz der Resonanz, das Gesetz der Entsprechung (wie Innen so Außen, wie Oben so Unten usw.) und eben das Gesetz von Ursache und Wirkung, auch als das Gesetz des Karma bekannt[22]. Karma ist also völlig wertneutral, hat nichts mit Schuld, Bewerten, Verurteilen oder gar Bestrafen zu tun. Wenn ich mir beim Bilderaufhängen auf den Daumen haue, tut er mir weh; Ursache und Wirkung; Karma im Kleinen.
Der Begriff des Karmas besagt einfach und klar: Jede Handlung, ja jeder Gedanke, jedes Gefühl hat Folgen, manchmal noch in diesem Leben, manchmal erst in späteren Inkarnationen.
Andersherum hat alles, was uns passiert, seinen Ursprung in früheren Taten, Gefühlen oder Gedanken. In seinem Buch „Schicksal als Chance" geht Thorwald Dethlefsen sogar so weit zu sagen: „Jedes Krankheitssymptom, gleichgültig ob psychisch oder körperlich, hat seine ›Ursache‹ in früheren Inkarnationen."

Einerseits gibt uns das Karma die Richtung vor, in der unser(e) Leben in Zukunft verlaufen wird (werden). Andererseits hält uns das Karma im Rad der Wiedergeburten (Samsara). Dies gilt für „schlechtes" wie auch „gutes" Karma!
Darum: Es geht nicht darum, die Welt zu erlösen oder zu verbessern; es gilt, sie als Illusion zu erkennen (und damit natürlich auch das Karma ☺).
Dies ist die grundlegenste und einfachste Lösung allen Karmas: das Erwachen.

---

22 Vielleicht ist Ihnen ein „Widerspruch" aufgefallen, denn auf der Seelenebene gibt es ja keine Kausalität, also kann die Seele (auf ihrer Ebene) nichts mit Ursache und Wirkung zu tun haben. Das Gesagte, eben Karma, gilt also nur für den Fall, dass die Seele durch die Anhaftung auf der materiellen Ebene mit diesem im Samsara verbunden bleibt. Keine Anhaftung => kein Karma => kein Samsara.

Da es aber leider keine Technik gibt, die uns erwachen lässt – Erwachen oder Erleuchtung ist immer Gnade – bleibt uns nur der Weg, Karma aufzulösen, bzw. die Entstehung von zukünftigem Karma zu verhindern.

Der Körper

Wenn die Seele also in der Schwingung verlangsamter, sozusagen „geronnener" Geist ist, so ist demgemäß der Körper in der Schwingung verlangsamte, sozusagen „geronnene" Seele.

Und so wie für die Seele durch die Verlangsamung der Schwingung des reinen Geistes besondere Bedingungen entstehen, so entstehen für den Körper durch die Verlangsamung der Schwingung der Seele ebenfalls vier besondere Bedingungen:

1) Raum
2) Zeit
3) Materie
4) Kausalität[23]

Im Großen und Ganzen leben wir auf dieser Ebene ein Reiz-Reaktions-Dasein. Unsere Gedanken und Gefühle, sowie die daraus entstehenden Handlungen unterliegen in den allermeisten Fällen äußeren Bedingungen: biologische Notwendigkeiten (Hunger, Durst usw.), physikalische Zwänge, materielle Gegebenheiten (z.B. körperliche Schmerzen usw.), psychologische Faktoren (Einstellungen, Hoffnungen, Ängste), Triebe, kulturelle Faktoren, Erziehung, Sozialisation, durch äußere Beeinflussung Gelerntes auf allen Ebenen.
Wir reagieren auf äußere Anregung und zwar mit Reaktionen, die durch äußere Bedingungen erlernt wurde, mit Mustern, Programmen, Glaubenssätzen und übernommenen Vorstellungen oder Vorurteilen.

---

23 lat. causa „Ursache" bezeichnet die Beziehung zwischen Ursache und Wirkung oder „Aktion" und „Reaktion", betrifft also die Abfolge aufeinander bezogener Ereignisse und Zustände. Die Kausalität (ein kausales Ereignis) hat eine feste zeitliche Richtung, die immer von der Ursache ausgeht, auf die die Wirkung folgt.

So wurde den Menschen von der jüdisch-katholischen Kirche[24] Jahrtausende lang erzählt, dass der Mensch nach seinem Tode „ruht", bis er zum Jüngsten Gericht auferweckt wird (Auferstehung des Fleisches am Jüngsten Tag).

So ganz nebenbei schmiss Papst Johannes Paul II[25] 1998 dieses Jahrhunderte alte Weltbild über den Haufen, indem er in Rom vor Pilgern erklärte: „Man sollte nicht meinen, dass das Leben nach dem Tode erst mit dem Jüngsten Gericht beginnt. Es herrschen ganz besondere Bedingungen nach dem natürlichen Tod. Es handelt sich um eine Übergangsphase, in welcher der Körper sich auflöst und das Weiterleben eines spirituellen Elements beginnt. Dieses Element ist ausgestattet mit einem eigenen Bewusstsein und einem eigenen Willen, und zwar so, dass der Mensch existiert, obwohl er keinen Körper mehr besitzt." Johannes Holey, Bis zum Jahr 2o12, S. 61

Also alles, woran Christen jahrhunderte lang geglaubt haben, ein Irrtum? ☻ Ein Irrtum jedoch mit eklatanten Auswirkungen aufs tägliche Leben (wenn ich versuchen muss in diesem Leben alles richtig zu machen, ohne die Chance, ein „versemmeltes" Leben bis zum Jüngsten Gericht nochmals korrigieren oder „rausreißen" zu können).

---

24 Siehe Anhang I

25 Übrigens der Papst, der einem Tag vor seinem Tode verkündigen ließ, „er lege sein Schicksal jetzt in Gottes Hand", lässt natürlich die Frage offen, wo es vorher gewesen war ☻
.... natürlich ebenfalls in Gottes Hand ☺, wo denn sonst?
(aber ob der Papst das wirklich wusste???)
Wenn er das nicht wusste, wie kann er dann als Papst unfehlbar gewesen sein???
Wenn er das wusste, warum machte er dann ein solches Statement???)

Das Spiel des Lebens

Also, wie oben festgestellt: der Geist erforscht sich selbst. Zu diesem Zweck träumt er einen Traum, bzw. träumt er unzählige Träume (mit Hilfe unzähliger Seelen); er spielt das Spiel des Lebens.

Aus meiner Erinnerung heraus, gebe ich hier eine kleine Geschichte (in stichwortartiger Kurzfassung) wieder; ich glaube, sie ist aus einem Kinderbuch von Neal Donald Walsh.
Eine große Sonne (der Geist) wird umringt von unendlich vielen Kerzen (die Seelen). Alle zusammen leben in ewiger Glückseligkeit (Eudaimonia). Plötzlich wird eine kleine Seele ganz traurig und sie geht zu Sonne. „Warum bist du denn so traurig, mein Kind?" fragt diese. „Ich weiß ja, dass ich alles bin, aber ich möchte mich auch einmal als etwas erfahren." „Als was möchtest Du Dich denn erfahren?" Da überlegt die kleine Seele lange, denn es gibt ja so Vieles, als was man sich erfahren könnte. Schließlich trifft sie eine Entscheidung. „Ich möchte mich als liebevolle Verzeihung erfahren." „Na das ist ja toll, liebevolle Verzeihung ist fast das Allerschönste als was man sich erfahren kann, mein Kind. Nun haben wir aber ein Problem: Schau Dich doch mal um. Wem möchtest Du denn hier irgendwas verzeihen?" Als sie erkannte, dass es hier nichts und niemand etwas zu verzeihen gab, wurde die kleine Seele ganz traurig. Da trat die beste Freundin der kleinen Seele hervor und sagte: „Also wenn Dir das so wichtig ist, dann gehen wir beide runter zur Erde und da tue ich Dir etwas ganz Schreckliches an. Dann kannst du mir liebevoll verzeihen." ....
Ich denke mal, beide mussten für eine lange Zeit das Spiel des Lebens spielen ☹... außer sie haben es geschafft die Erfahrung ohne Anhaftung zu machen ☺ ☺.

Vielleicht kennen Sie Rubriks Zauberwürfel noch (wenn nicht, überschlagen Sie einfach den nächsten Absatz, oder googlen Sie den Begriff). Wenn Sie mit einem geordneten Würfel anfangen zu spielen, werden Sie bereits nach wenigen Verdrehungen den Überblick verloren haben und mit jeder Aktion das Chaos der Farben vergrößern. So ähnlich läuft das Spiel des Lebens. Wenn Sie beim ersten Inkarnieren auch nur eine einzige Anhaftung aufbauen, müssen Sie wiederkommen, um diese aufzulösen. Und so verwickelt sich die Seele mehr und mehr. Beim Würfel können Sie ihn zur Seite legen und mal eine Pause machen, beim Spiel des Lebens geht das nicht. Und so wie Sie die Prinzipien beim Würfel langsam immer besser verstehen, so müssen Sie sch halt beim Spiel des Lebens Schritt für Schritt ein immer besseres Verständnis dieses Spiels „erarbeiten".

Der „Witz" dabei ist nämlich: Wenn Sie den ersten Schritt dieses Spiels unternommen haben, müssen Sie durch, bis zum (in diesem Fall nicht bitteren sondern) guten Ende; das Ziel des Spiels muss erreicht werden. Wobei paradoxerweise nicht das Erreichen des Ziels der Sinn des Spieles ist.

Für Watts gleicht das Sein einem Tanz. „Offenbar besteht alles nur für diesen Augenblick. Es ist ein Tanz, und wenn du tanzt, willst du nicht irgendwo hingelangen. Du drehst dich rundherum, aber nicht in der Vorstellung, dass du irgendetwas verfolgst oder den Klauen der Hölle entfliehen willst. Wie lange schon kreisen die Planeten um die Sonne? Gelangen sie irgendwo hin und bewegen sie sich schneller und schneller, um ans Ziel zu gelangen? Wie oft ist der Frühling zur Erde zurückgekehrt? Kommt er jedes Jahr schneller und bunter, um schöner zu sein als der letzte Frühling und eilt er sich, um schließlich der Frühling zu werden, der alle vorausgegangenen auszustechen vermag? Sinn und Zweck des Tanzes ist der Tanz. Wie Musik ist er auch in jedem Augenblick seines Verlaufes erfüllt. Du spielst nicht eine Sonate, um zum Schlussakkord zu kommen, und wenn der Sinn der Dinge nur in ihrem Ende läge, würden Komponisten immer nur das Finale schreiben." Diese Aussage beschreibt den Sinn des Wortes „Der Weg ist das Ziel".

Trotzdem: Endziel des Spiels des Lebens ist die Rückkehr ins Vaterhaus (das im ewigen Jetzt schon erreicht ist ☺, da es ja in Wirklichkeit nie verlassen wurde), so wie Jesus das im Gleichnis des verlorenen Sohnes formuliert hat oder es auch im Perlenlied beschrieben wird.

„Seine Schüler fragten Jesus: Meister! – Wie wird unser Ende sein? Jesus antwortete: Habt ihr schon euren Anfang entdeckt, dass ihr nach eurem Ende fragt? – Dort, wo euer Anfang war, dort wird auch euer Ende sein."
Thomasevangelium 18

In der hinduistischen Philosophie (Advaita Vedanta, Rig-Veda) bezeichnet Brahman den Urgrund des Seins, ohne Anfang und ohne Ende, das Ungeborene, dem alles Existierende innewohnt. Abgeleitet von der Wurzel *brh*, wachsen, sich weiten, bedeutet Brahman das Unendliche, das Absolute.
In diesem Urgrund bildet sich punktuelles Bewusstsein – einzelne „Ich bins" (Seele, Atman).
Das Eine verwirklicht sich als das Viele, das Formlose nimmt Form an.

Atman (die Seele) bezeichnet das individuelle Selbst, die unzerstörbare, ewige Essenz des Geistes, die in ihrem Wesenskern identisch mit Brahman ist (Nicht-Zwei).
Meister Eckhard, der größte christliche Mystiker, drückt dies so aus: Im Urgrund sind Gott und Ich eins.

Gemäß den Upanishaden ist es Ziel des Lebens diese Einheit von Brahman und Atman zu erkennen, zu fühlen und zu erleben.
Kenshō oder Satori ist die plötzliche Erkenntnis vom universellen Wesen des Daseins in einer persönlichen ganzheitlichen[26] Erfahrung mit dem Gefühl von „Verschmelzung und allumfassender Einheit".

---

26 Das rein kopfmäßige (kognitive) Wissen um die Dinge reicht also nicht aus, dann wären schon viele erleuchtet, inklusive ich selbst.

Zur Verwirklichung dieses Ziel erschafft sich Atman bei jeder Inkarnation Jiva, eine individuelle Seele.

So wie sich Atman einen menschlichen Körper schafft (mit der zeitlich begrenzten Seele Jiva) um dieses Ziel des Lebens zu erreichen, ist gemäß der Lehre des Buddhismus der Mensch von allen Wesenheiten aller sechs Welten (d.h. inklusive der Götter und der Höllenwesen) „am ehesten fähig, die Leere zu begreifen und dadurch das Erwachtsein zu erreichen." Lama Karta, Leben, Sterben, Wiedergeburt, S. 186

Dies ist der edelste Grund den Körper zu wertschätzen.

Sri Nisargadatta Maharaj betont, Erleuchtung bestehe darin, das Anhaften an das Unwirkliche zu überwinden und so der Wirklichkeit ihren Platz zu geben. „Lass deine Anhaftung an das Unwirkliche entgleiten, und das Wirkliche wird schnell und sanft dessen Platz einnehmen. Hör damit auf, dir einzubilden dies zu sein oder jenes zu tun, und du wirst erkennen, dass du an der Quelle und im Herzen von Allem bist. Auf diese Weise wird die große Liebe über dich kommen, die nicht Wahl oder Bevorzugung darstellt, sondern eine Kraft, die alle Dinge liebenswert und liebenswürdig macht".

Vor ca. 350 Jahren formulierte es der deutsche Mystiker Johannes Scheffler, genannt Angelus Silesius fast identisch:
„Je mehr du dich aus dir kannst austun und entgießen, je mehr muss Gott in dich mit seiner Gottheit fließen."

Karma

Karma ist das, was uns zwingt, wieder zu inkarnieren, das, was uns im Rad der Wiedergeburten, dem Samsara festhält.
Karma ist einfach eine Thematik, die wir in unserem Leben, das heißt in unseren bisherigen Inkarnationen noch nicht abschließend bearbeitet bzw. losgelassen haben.

Wenn sich eine Seele entschließt, an einem bestimmten Thema (weiter) zu arbeiten, sucht sie sich als erstes ein Elternpaar, das ihr die allerbeste Hilfestellung für diese Zielsetzung geben kann.
Ein Beispiel: wenn eine Seele das Thema Angst für ihre nächste Inkarnation vorgesehen hat, macht es nicht besonders viel Sinn, sich Eltern auszusuchen, die sie vollkommen behüten und beschützen, ihr allen Unbill und jede mögliche Gefahr der Welt vom Leibe halten, sie vor jeder angstauslösenden Situation abschirmen; vielleicht ist da ein alkoholkranker, cholerischer Vater, der herumschreit und eventuell auch noch die Mutter schlägt, die bessere Hilfestellung.
Quintessenz dieser Überlegung: Ich bin nicht so wie ich bin, weil meine Eltern mich mit ihrem Verhalten so geprägt haben[27], sondern ich habe diese Eltern mit ihrem Verhalten (ausgesucht), weil ich so bin wie ich bin (über sehr viele Inkarnationen gewachsen) und weil sie mir die besten Chancen geboten haben, mich weiter entwickeln zu können.
Bei dieser Überlegung bleibt kein Raum für irgendwelche Vorwürfe an die Eltern!
Des weiteren bleibt für Eltern kein Grund, sich Vorwürfe für gemachte Fehler zu machen, denn jeder „Fehler" war unbedingte Voraussetzung für eine gelungene Hilfestel-

---

[27] Was fast alle Patienten und Klienten, die zu mir kommen, so glauben und was uns auch von den allermeisten psychologischen Therapierichtungen bestätigt oder sogar eingeredet wird.

lung fürs Kind. Welche Erleichterung für Eltern, die sich meiner Erfahrung nach <u>alle</u> mit Schuldgefühlen herumschlagen, in den verschiedensten Situationen versagt und Fehler gemacht zu haben!
Um ein Thema bearbeiten zu können, muss ein Anlass dazu geschaffen werden. Dass die Eltern so sind, wie sie sind, reicht nicht. Es muss auch etwas passieren: ein Unfall, ein Missbrauch, eine Situation, die das Thema in das Leben des Kindes bringt (beim Thema Angst beispielsweise das Durchgehen eines Pferdes bei einem Ausritt), ein *Zufall*, der nicht einkalkuliert war, etwas Unvorhergesehenes, das überraschend passiert und auf das das Kind nicht vorbereitet war.
Die Eltern sind wie eine Muschel und der Anlass wie das Sandkorn, das die Bildung einer Perle erst ermöglicht. Solche Kristallisationspunkte von Karma passieren meistens im Alter von etwa drei bis sechs Jahren, sexuelle Themen bei Mädchen oft bei der ersten Menstruation, bei beiden Geschlechtern oft mit dem ersten sexuellen Erlebnis.

Dieses Thema, das jetzt bearbeitet werden will, kam irgendwann zum ersten Mal in die Existenz unserer Seele. Dieses ursprüngliche Manifestieren beinhaltet immer die folgenden Aspekte:

    das **Thema**, das immer auf einem **Gefühl** begründet ist,
    einer **Tat**, die auf diesem Gefühl basiert oder einem Gefühl, das Folge dieser Tat ist sowie
    Verbindungen, die durch die Tat geschaffen wurden, zu Menschen, Systemen, Institutionen oder anderen Wesenheiten, die mein „Partner" bei dieser Tat waren.

Beim Arbeiten am Karma müssen zwei Aspekte berücksichtigt werden:

Erster Aspekt: bisheriges Karma muss aufgelöst werden

Im allgemeinen Sprachgebrauch bezieht sich Karma immer auf frühere oder zukünftige Inkarnationen. Um es hier nochmals deutlich zu machen: Karma umfasst alles, was aus der Vergangenheit heraus in das Hier und Jetzt meines Lebens wirkt, also auch Tatsachen und Geschehen aus diesem Leben; beispielsweise der frühe Tod meiner Mutter, den ich noch nicht verarbeitet habe, das Verlassenwerden durch meinen ersten Frau/Mann, einen Unfall, für den ich mich (immer noch) schuldig fühle, schwere Fehler, die ich meine, begangen zu haben usw.

Für eine gültige Karmaklärung müssen alle drei oben genannten Aspekte gelöst werden!

Dazu können verschiedenste Techniken und Verfahren zur Anwendung gebracht werden[28], beispielsweise Programme der Selbstzerstörung oder Selbstbestrafung zu finden und zu löschen, Verfahren, um traumatische Erlebnisse und Schocks aufzulösen, Haltungskonflikte zu bereinigen, karmische Verbindungen zu bestimmten Personen oder Institutionen zu lösen, karmisch bedingte Gefühle, wie z.B. Schuldgefühle, Verlusterlebnisse, Depressionen, Ängste oder Phobien zu löschen, oder auch unsere Stellung im Familienverband (im Sinne Hellingers) zu klären, sprich, das Verhältnis zu unseren Eltern und unseren Ahnen von Belastungen zu befreien, sowie darüber hinaus Themen, die wir von unseren Ahnen übernommen haben, in eine Lösung zu bringen, da diese sie

---

28 Dieser Aspekt hat sich zum Hauptaspekt meiner Arbeit als Heilpraktiker heraus kristallisiert.
Da diese Thematik während meiner gesamten Zeit als Heilpraktiker niemals irgendwo erwähnt, geschweige denn eine Ausbildung hierfür angeboten wurde, habe ich mich entschlossen, meine über Jahrzehnte hinweg gesammelten Erfahrungen in Seminaren Interessierten zur Verfügung zu stellen. Siehe hierzu auch: www.Karma-coaching.info

nicht lösen konnten (und – über ihre Nachkommen – auf mich übertragen haben).

Dabei gibt es zwei ganz besonders wichtige Themenkomplexe aus früheren Leben, die – da sie vollkommen unbewusst ablaufen – um so zerstörerischer wirken und dem Tagesbewusstsein überhaupt nicht zugänglich sind:

Kirchengelübde
Fast ein jeder von uns hatte in den letzten mehr als tausend Jahren mit der katholischen Kirche (und/oder mit einem ihrer Ableger) zu tun; als Täter oder als Opfer, wobei sinnigerweise die Täter oft die eigentlichen Opfer der (W)Irrlehren dieser Institution waren und sind. So wie ein muslimischer Selbstmordattentäter, der sich in seinem Glauben an einen gerechten Dschihad (und an 77 Jungfrauen, die im Paradies auf ihn warten) an einer Bushaltestelle in die Luft sprengt, ja auch ein Opfer eines radikalen Irrwegs innerhalb des Islam ist.

Eine besondere Verbindung, die viele Menschen mit der Kirche haben, selbst wenn sie sich als von der Kirche emanzipiert empfinden, wird durch sogenannte Kirchengelübde gebildet. Diese wirken, ob ich davon weiß oder nicht, ob ich daran glaube oder nicht.
Der endgültige Eintritt in eine klösterliche Gemeinschaft wird (nach einer Probezeit) in einem Ritual, der sogenannten Profess, vollzogen. Bei diesem Ritual wird ein Gelübde abgelegt, indem sich der Proband zu

> Armut,
> Keuschheit und zum
> Gehorsam gegenüber der kirchlichen Obrigkeit

verpflichtet
Sinnigerweise wird dieses Gelübde auf die Ewigkeit abgelegt![29]Die Seele hat sich also auf die Ewigkeit ge-

---

29 Eine Ehe wird geschlossen „bis dass der Tod euch scheidet". Wenn es um das Einfangen von Seelen geht, hat so eine sim-

bunden und versucht nun, dieses Versprechen in allen folgenden Leben unter allen Umständen zu halten; d.h. ein neuer Mensch wird geboren, nichts wissend vom Gelübde einer früheren Inkarnation. Er lernt viel, ist fleißig und kreativ und kommt trotzdem auf keinen grünen Zweig. Jedes Mal wenn finanzieller Erfolg naht, wird dieser durch irgendeinen Umstand kaputt gemacht. Die Seele hält ihr gegebenes Versprechen. Genauso tut sie das, wenn eine harmonische Beziehung oder beglückende Sexualität „droht". Und Schwierigkeiten mit der Obrigkeit oder Autoritäten werden so auch erklärlich.

Das Gute an der ganzen Sache ist, dass ein jedes gegebene Versprechen, Eid, Schwur oder Gelübde wieder zurückgenommen werden kann. Im Grunde genommen eine simple Sache, nur wissen muss man es und draufkommen. Wenn man es gefunden hat, kann es ganz leicht gelöst werden.

Magie
Magie ist der Versuch, bewusst Menschen, Dinge, Situationen, Zustände oder Prozesse (nach meinen Vorstellungen) zu verändern, meist mithilfe bestimmter Techniken, Rituale oder Zeremonien.
Obwohl der moderne aufgeklärte Mensch im allgemeinen darüber lacht, kann der Weg der Magie ein enorm machtvoller sein und die Dinge im Außen außerordentlich wirksam bestimmen, bzw. verändern.
Und deswegen gibt es kaum Seelen, die in ihrer bisherigen Existenz[30] diesen Weg noch nicht ausprobiert haben, den offensichtlichen Verlockungen dieser Spielart nicht erlegen waren.

---

ple Sache wie die physische Existenz für die Kirche keinerlei Bedeutung!!!
30 Keine Standardetymologie, sondern eine eigen-willige: **Ex-**(außerhalb)-**ist**-enz, also **außerhalb** von allem, was **ist**; natürlich der grundlegende Irrtum, dem die Seele unterliegt.

Es geht also um magische Handlungen und Bindungen an magische Systeme und/oder Wesenheiten.
Magische Handlungen binden uns für spätere Leben. Versprechen, die wir geben, Eide und Gelübde, die wir schwören, Verträge, die wir schließen, Verwünschungen und Flüche, die wir gegen andere, aber auch gegen uns selbst aussprechen, alle diese Dinge haben Bestand und Auswirkungen über den physischen Tod hinaus.

Wenn ich etwas verbessern oder verändern will (durch magische Handlungen), erkenne ich erstens an, dass es real existiert. Das ist natürlich das genaue Gegenteil der Aussagen aus meinem Weltbild „nichts ist real" oder „nichts hat irgendeine Bedeutung, außer der, die ich ihr gebe". Kurs in Wundern, Neal Donald Walsh u.a.
Natürlich ist es in Ordnung, Dingen eine Bedeutung zu geben, z.B. gebe ich dem Wohlergehen meiner Kinder Bedeutung und tue auch was dafür. Aber dieses Bedeutunggeben sollte ohne Anhaftung geschehen. Und der Einsatz von Magie ist ein sicheres Zeichen von Anhaftung.

Die Krux mit der Magie ist die, dass sie mich immer tiefer in die Materie führt, meine Anhaftungen vergrößert.

Außerdem bewerte ich das, was ich verändern will, und zwar als negativ oder schlecht (und sei es nur für mich und meine Interessen), zumindest aber als verbesserungsbedürftig.

Dadurch stärke ich allerdings erstens mein Ego, denn das Werten entspringt generell dem Egodenken. Und das Ego will mich immer tiefer in die Materie führen und will mich immer vom spirituellen Fortschritt abhalten.

Und zweitens kommt an dieser Stelle das limbische System ins Spiel. Das limbische System ist eine Funktionseinheit des Gehirns, die der Verarbeitung von Emotionen und der Entstehung von Triebverhalten dient, unter anderem werden ihm intellektuelle Leistungen zugespro-

chen. Das limbische System ist darüber hinaus für die Ausschüttung von Endorphinen, körpereigenen Opioiden, verantwortlich. Ein Teil des limbischen Systems ist die Amygdala, auch als Mandelkern bezeichnet, die wesentlich an der Entstehung von Angst beteiligt ist.
Warum erwähne ich jetzt dieses limbische System?
Neuere Forschungen am Gehirn haben ergeben, dass das limbische System zwei Eigenheiten aufweist: Erstens kennt das limbische System keine Zeitformen, ähnlich der alten hebräischen Sprache. Und zweitens kann das limbische System nicht zwischen einem Ich und einem Du unterscheiden. Wenn ich also über jemanden schimpfe, ihn einen „Depp" heiße, übersetzt das limbische System: „Aha, ich bin ein Depp!" Wenn ich jemanden hasse, hasse ich mich selbst. Wenn ich jemanden schuldigspreche, wenn ich ihn verurteile, dann ... Und wenn ich einen Umstand als schlecht, negativ oder verbesserungswürdig bewerte ... ich glaube, Sie haben schon verstanden[31].
Alles Dinge, die mich tiefer und tiefer in den Traum führen, mich mehr in die Materie *ver*wickeln. Was natürlich das genaue Gegenteil von dem ist, was ich eigentlich möchte, mich *ent*wickeln.

Und für Magie muss immer ein Preis bezahlt werden, und zwar ein völlig überhöhter Preis.

Magische Systeme sind hierarchische Gebilde, oft pyramidenartig aufgebaut.
Wenn ich mich in ein solches System einbinde, geschieht dies mittels ritualisierter Versprechen, Eiden oder Schwüren, die mich an Wesenheiten (z.B. einen Meister, einen Dämon usw), aber auch ans System oder die Magie selbst binden. Es werden energetische Verbindungen geschaf-

---

[31] Die moderne Gehirnforschung bestätigt und erklärt also die Weisheit des Bibelwortes: „Ich aber sage euch: Liebet eure Feinde; segnet, die euch fluchen; tut wohl denen, die euch hassen; bittet für die, so euch beleidigen und verfolgen." Matthäus 5,44

fen, z.B. Verbindungen von Solar Plexus zu Solar Plexus; dabei läuft die Energie immer von unten nach oben. Diese (Ver-)Bindungen haben Bestand über den physischen Tod hinaus. Bei Menschen, die ohne erkennbaren Grund immer müde sind, sich schlapp und energielos fühlen, können solche Verbindungen, über die Energie ständig an andere Wesenheiten abfließt, der Grund sein.

Zweiter Aspekt: Aufbau neuen Karmas sollte verhindert werden

Kann ich etwas tun, um den Aufbau neuen Karmas zu verhindern?

Die Antwort gleicht wieder mal einem Paradoxon: Ja, es kann etwas dafür getan werden, aber ich kann die Entscheidung dafür nicht treffen.
Ich muss den Weg gehen, den es nicht gibt.

Für des Verständnis der folgenden Ausführungen sollte der Anhang „Gibt es einen freien Willen" gelesen werden, in dem ich meines Erachtens nach eindeutig darlege, dass es keinen freien Willen gibt.

Ganz offensichtlich treffe ich aber jeden Tag hunderte von Entscheidungen: steh ich jetzt auf oder schlummere ich noch 1o Minuten, ziehe ich eine Hose an oder einen Rock, fahre ich mit dem Fahrrad in die Arbeit oder dem Auto, gehe ich überhaupt in die Arbeit oder mache ich blau, gehe ich ins Kino oder ins Theater, esse ich Fleisch oder Fisch zu Mittag usw. usw. usw.

Da alles festgelegt ist seit Anbeginn der Zeit, ist es natürlich auch festgelegt, ob oder was ich tue. Es ist bestimmt, ob ich jetzt anfange Karma abzubauen oder Karma nicht mehr aufzubauen.

Wenn du jetzt Karma abbaust => festgelegt seit Anbeginn der Zeit.
Wenn Du jetzt anfängst kein Karma mehr aufzubauen => festgelegt seit Anbeginn der Zeit.
Wenn Dir die Sache mit dem Karma egal ist und Du diesbezüglich gar nichts machst => festgelegt seit Anbeginn der Zeit.

Übrigens: diese Erkenntnis ist ein exzellentes Mittel gegen Hochmut[32] und Stolz (weiter und damit besser zu sein als andere).

Mach also genau das, was dir gefällt; wenn es dir Spaß macht und du dich dabei wohl fühlst, dann ist es genau das Richtige!, weil es Deinem Entwicklungsstand entspricht; der will und muss gelebt und kann nicht übersprungen werden.
Bedenke dabei aber:
Nicht das, was Du (sprich Dein Ego) willst, sollst Du tun, sondern das, was Deinem Herzen gefällt, was es frei und leicht macht und was sich warm anfühlt; in dem Sinne, in dem der Hl. Augustinus sagte: „Liebe und tu, was Du magst".

Lass Dich dabei nicht von Deinem Ego führen; das möchte uns immer – wirklich immer – ins Leid führen, denn da ist es sicher vor seiner Auflösung, dem Egotod. Die Werkzeuge, die das Ego dabei benutzt heißen u. a.: Angst, Werten und Urteilen, verbessern wollen, kämpfen (für das Gute ist dabei genauso schädlich wie gegen das Böse zu kämpfen).

99% aller esoterischen und spirituellen Literatur bietet uns Rezepte, wie wir durch Tun uns selbst und die Welt verbessern könnten. Man erklärt uns, dass wir Schöpfer seien und gibt uns Schöpfungstechniken an die Hand: Bestellungen beim Universum, Quantenheilung, Zahlenreihen nach Grabovoi, Techniken nach Petrov, den Moses-, den Jesaja- und sogar den Jesuscode, Visualisierungstechniken, das Lol²a-Prinzip, die Avatar-Technik, the secret, the bleep usw. usw. Nur funktionieren diese Techniken leider nicht[33] (jedenfalls kenne ich keinen, bei dem sie das wirklich tun) und schon sitze ich in der Falle:

---

[32] Wie Sie ja oben gelesen haben, nach Buddha einer der Gründe, die uns im Leiden halten.

[33] Da ja diese Bücher weltweit von Millionen von Menschen gelesen, und demgemäß angewendet werden – warum verändern sich die Zustände der Welt dann nicht schlagartig

Entweder war ich nicht gut genug oder nicht fleißig genug oder oder oder; jedenfalls bin ich schuld, dass es nicht funktioniert hat (von kleinen Lockerfolgen einmal abgesehen; jeder kennt das vom Parkplatzbestellen, wo es offensichtlich oft hinhaut[34]). Ich muss mich also noch mehr anstrengen, konzentrierter arbeiten, muss noch mehr oder besser „tun".
Der Grundirrtum liegt im Glauben, dass etwas getan werden muss oder kann, damit ich oder die Situation besser wird, was impliziert, dass ich oder sie nicht gut (genug) ist. In Wirklichkeit ist natürlich jede Situation und jede Wesenheit perfekt, zwar nicht aus Sichtweise eines Egos, dafür aber im transzendenten Sinn.

Also wenn ich schon etwas tun möchte, dann sollte es das „Richtige" sein. Wobei hier schon die nächste Falle lauert: richtig nicht im Sinne einer (Ver-)Urteilung, sondern gewertet an meiner Zielsetzung. Wenn ich von München nach Hamburg fahren möchte, ich aber den Autobahnzubringer nach Süden wähle, bringt es mich meinem Ziel nicht näher, ich habe die falsche Entscheidung getroffen. Es ist aber grundsätzlich nichts Falsches, in den Süden zu fahren und etwas Böses oder Schlechtes schon gleich gar nicht.

Grundvoraussetzung damit dieser Vorgang erfolgreich sein kann ist es also, eine Entscheidung über meine Zielsetzung zu treffen und dann die Effektivität meiner Handlung(en) an dieser Zielsetzung zu messen.

---

zum Besseren, und warum ändern sich die Lebensumstände der Anwender nicht zum Besseren?

34 Das liegt daran, dass es für diese Bestellung noch keine vorherige Bestellung gib. Das Universum arbeitet so, dass es Bestellungen der zeitlichen Reihenfolge nach „abarbeitet". Wenn ich eine Bestellung aufgebe, beispielsweise materiellen Reichtum, aber eine ältere Bestellung „Armut" vorliegt, z.B. durch ein Kirchengelübde, kann die neue Bestellung erst „drankommen", wenn die ältere erfüllt (oder zurückgenommen) worden ist.

Wenn ich glaube, dass ich mehr bin als mein Körper und das, was ich wirklich bin, auch nach meinem physischen Tod weiter existiert, ergibt es Sinn, meine Zielsetzung so auszurichten, dass das, was ich erreicht habe, mir auch über den physischen Tod hinaus erhalten bleibt. Das Einzige, was gemessen daran noch übrig bleibt, ist meines Erachtens nach die Entwicklung meines Bewusstseins. Dies kann jedoch niemals durch Tun, das sich am Außen orientiert, gelingen.

Auch nach Carl J. Calleman ist dieses Ziel der einzige Zweck des Lebens, sowohl für den Einzelnen als auch für die gesamte Menschheit. Wie er in seinem Buch "Der Maya Kalender" ausführt, ist der Entscheidungsspielraum für das einzelne Individuum dabei mehr als begrenzt, weil „unsere Bewusstseinsentwicklung nicht so unter unserer Kontrolle steht, wie viele zu glauben scheinen oder gerne glauben würden, sondern vielmehr, dass ein Entwurf Gottes die Bewusstseinsentwicklung durch unsichtbare Mechanismen außerhalb unserer Manipulationen kontrolliert."

Erleuchtung ist immer Gnade. Ganz egal wie viel ich getan habe, kann sie nicht aus eigener Kraft erreicht werden. Goethe drückt es so aus: „Das ewig Weibliche zieht uns hinan." Und in der Bibel wird es folgendermaßen formuliert: „Es kann niemand zu mir kommen, es sei denn, dass ihn ziehe der Vater, der mich gesandt hat." Johannes 6,44

Bleibt die Tatsache, dass vordergründig laufend Entscheidungen von mir (mittels meines angeblich freien Willens) getroffen werden (müssen). Dies wird mir von meinem Ego eingeredet und ist Bestandteil des Traumes, den ich träume und dem Weg, den ich in diesem Traum gehe bis ich erwache und den Weg als nicht existent erkennen kann.

Ich kann mir dieses „den Weg gehen" nicht ersparen, wie schon Goethe im Faust verkündete: (AdV: Nur) „Wer immer strebend sich bemüht, den können wir erlösen."

Hilfreiches für den Weg
(kein Karma mehr aufzubauen)

Die hintergründige Wahrheit heißt also: „Es gibt nichts zu tun", da ja alles festgelegt ist seit Anbeginn der Zeit.

Vordergründig müssen laufend Entscheidungen getroffen und Dinge getan werden.
Wenn ich nicht die nächsten Jahre meditierend in einer Höhle im Himalaya sitzen möchte, sondern Verantwortung für meine Familie und einen normalen Alltag in unserer Gesellschaft übernehmen will, was kann ich tun?

Die übergreifende Antwort heißt natürlich wieder: Du kannst gar nichts entscheiden, weil ja alles seit Anbeginn der Zeit festgeschrieben ist. Das wird Dir aber bei konkreten Entscheidungen, die einfach getroffen werden müssen, nicht viel weiter helfen. Deshalb im Folgenden ein paar Überlegungen, die Dir vielleicht als Hilfestellung dienlich sein können.

Trotzdem noch einmal von mir der Hinweis. Die Entscheidungen, die Du meinst zu treffen, bewirken keine Veränderungen im geplanten Skript des Lebens. Du kannst damit nichts bewirken, was nicht sowieso eintreten würde. Aber vielleicht helfen sie Dir mit Deiner scheinbaren (vom Ego eingeredeten) Verantwortung besser zurechtzukommen. Vielleicht unterstützen sie Dich, ein gutes Gefühl bei Deinen Entscheidungen zu haben, solange Du noch nicht annehmen kannst, dass Du gar nichts entscheiden kannst.

I) Triff definitive Entscheidungen

Alles – jede Schöpfung, jeder Prozess generell– alles beginnt mit einer Entscheidung.
Gott sprach: „Es werde Licht" und es ward Licht. Was musste vorher passieren? Er/Sie/Es musste die Entscheidung treffen, Licht zu erschaffen.
Eine Entscheidung wird in jedem Fall getroffen. Wenn ich persönlich keine Entscheidung treffe, wird sie woanders gefällt; von meiner Seele, meinem höheren Selbst, vom reinen Bewusstsein, von wem auch immer.
In Wirklichkeit kommt sie natürlich immer auf der höchsten Ebene zustande, aber im Traum sieht es eben so aus, als ob ich eine Wahl hätte (Ego-Illusion) und so muss ich vordergründig laufend Entscheidungen treffen. Da ich aber gar keine andere Entscheidung treffen kann als die, die seit Anbeginn der Zeit festgelegt war, kann ich mir die ganze Sache recht leicht machen.
An dieser Stelle nochmals der Heilige Augustinus: „Liebe und tu, was Du magst".

Mach also genau das, was dir gefällt; wenn es dir Spaß macht und du dich dabei wohl fühlst, dann ist es genau das Richtige! Weil es Deinem Entwicklungsstand entspricht; der will und muss gelebt und kann nicht übersprungen werden.

Als spontanes Gegenargument auf diese Argumentation kommt dann meistens ein Einwand wie „Und was ist, wenn jemand Lust hat, eine Vergewaltigung zu begehen oder einen Mord oder ... oder?"
Hierbei lauert eine Falle, auf die so gut wie jeder, den ich kenne hereinfällt. Der Fallstrick über den hier gestolpert wird heißt *urteilen*. Die klassische Einteilung in *Gut und Böse*.
Natürlich gibt es das Böse ebenso wie das Gute. Der Witz dabei ist, dass das Böse nichts Schlechtes ist. Wie wir ja oben schon erfahren haben, träumt das Licht in

der Dunkelheit zu sein und da ist es ja um bestimmte Erfahrungen zu machen. Und da wollen (für das reine Bewusstsein) schließlich alle Erfahrungen gemacht werden. Gott selbst spricht (bei Walsh): „Ich liebe das >Gute< nicht mehr als das >Schlechte<. Hitler ging in den Himmel ein. Wenn ihr das begreift, begreift ihr Gott."

Grundsätzlich drückt sich im Werten und Urteilen wieder die jüdisch-christliche Prägung aus: Du bist ein Sünder und für deine Sünden wirst du bestraft werden.
Nach Ansicht Meister Eckharts nach muss man sich jedoch den Willen Gottes hingegen so voll und ganz zu eigen machen, dass man sogar die eigenen Sünden als gottgegeben hinnimmt. Man dürfe sie zwar fühlen, aber sich nicht deshalb grämen. Gott wolle nur das Gute, was für den Menschen böse aussehe, könne in Wirklichkeit zu seinem Besten sein." (AdV: Ein außergewöhnlich interessanter Gedanke!)

Das soll nicht meinen, alles gut zu heißen, was passiert. Das heißt auch nicht, dass man nicht eingreifen soll oder darf, wenn in seinem Beisein ein Unrecht geschieht. Wichtig ist dabei nur das (Ver-)Urteilen zu unterlassen. Das ist eine der wichtigsten Entscheidungen, die jeder treffen muss, der die Zielsetzung getroffen hat, die Dunkelheit wieder zu verlassen, zurück ins Licht zu gehen, aus dem Traum aufzuwachen, sich daran zu erinnern, was er oder sie wirklich ist: reine, bedingungslose Liebe. Und die Liebe kämpft nun mal nicht, sie nimmt das an, was ist, ohne es verändern zu wollen; das heißt nicht, dass sie das gutheißt, was ist.

Bedenke dabei aber:
Nicht das was Du (sprich Dein Ego) willst sollst Du tun, sondern das, was Deinem Herzen gefällt, was es frei und leicht macht und was sich warm anfühlt. Dann ist es genau das richtige.

Und selbst wenn Du Dich entscheidest, das zu tun, was Dein Ego Dir zuflüstert, ist es in Ordnung; dann ist dieser (Irr-)Weg eben das, was als nächster Entwicklungs- (in diesem Fall halt ein Verwicklungs-)Schritt auf Deinem Weg ansteht. Und auch hier kannst Du es Dir wieder leicht machen: die Entscheidung, die Du triffst, ist eh´ die, die getroffen werden musste, weil sie seit Anbeginn der Zeit an dieser Stelle genau so vorgesehen war.

Und es ist völlig unabhängig davon, was andere Menschen für Entscheidungen treffen oder in dieser Situation treffen würden. Jeder steht auf einer anderen Stufe, jeder geht einen anderen Weg. Was ich für mich als richtig erkenne, gilt nur für mich!

II) Setze Deine Ziele.

Ohne ein Ziel lässt du dich treiben. In der Seefahrt heißt es: „Ohne Zielhafen ist kein Wind günstig."
Eigentlich ist dieser Gedanke ein alter Hut und wird seit langem in jeder Managerschulung gelehrt. Oftmals wird dann noch eine Unterteilung in lang-, mittel und kurzfristige Zielsetzung empfohlen; was will ich im nächsten Jahr erreichen, wo will ich mit 40 Jahren stehen etc. etc. Ich möchte hier jedoch anregen, den Prozess der Zielsetzung übergreifend zu verstehen. Was will ich am Ende meines Lebens erreicht haben und zwar nicht nur beruflich oder finanziell. Will ich ein harmonisches Familienleben gehabt haben, befriedigten mich Machtanhäufung oder unterschiedliche sexuelle Aktivitäten?

Wichtig dabei ist es, ehrlich zu sich selbst zu sein und sich nicht von gesellschaftlichen oder moralisch-ethischen Überlegung „verfälschen" zu lassen. Das, was ich im Innersten wünsche, entspricht dem Stand meiner Entwicklung. Und dieser Stand will und muss gelebt werden: es gibt keine Abkürzungen im Spiel.

Um bei einem Beispiel von mir zu bleiben: wenn ich eine Raupe bin, hat es keinen Sinn, sich in eine Flugschule für Schmetterling zu setzen, nur weil ich weiß, dass ich eines Tages ein solcher sein werde. Als Raupe ist es meine Aufgabe zu fressen, um dick und fett zu werden, damit ich mich eines Tages verpuppen kann. Wenn ich vor lauter Fliegen lernen das Fressen vergesse, geht die ganze Sache schief[35].

Sei dir bewusst, dass du mit dem Setzen eines Zieles, bzw. auch dem Setzen mehrerer Ziele mit verschiedenen

---

35 Selbstverständlich hinkt das Beispiel, weil im wirklichen Leben natürlich nichts schief gehen kann, und auch das Sitzen in der „falschen" Schule so im Drehbuch steht und seinen tiefen Sinn hat ☺.

Prioritäten den Dingen eine Bedeutung gibst, die sie nur für dich haben.

Bei Neal Donald Walsh sagt Gott: „Nichts in deinem Leben ist wirklich oder hat irgendeinen Wert für dich als allein das, wozu dein Denken und Glauben es gemacht hat ... Selbst das Leben hat keine Bedeutung." !!! Wow, was für eine Aussage!

Meine Überlegungen zu diesem Thema haben mich dazu geführt, dem Bedeutung zu geben, was mir nach meinem physischen Tod weiter bleibt und das ist eben die Weiterentwicklung meines Bewusstseins bis hin zum Erwachen aus diesem Traum.
In der Bibel wird in diesem Sinn die Aufforderung gegeben: „Ihr seid allzumal Kinder des Lichtes und Kinder des Tages; wir sind nicht von der Nacht noch von der Finsternis. So lasset uns nun nicht (mehr) schlafen (und träumen) wie die andern, sondern lasset uns (er-)wachen ..." 1-Thessalonicher 5,5-6 (Zusätze in den Klammern sind Anmerkungen des Verfassers)

„Ein Kurs in Wundern" zufolge ist diese Entscheidung die einzige, die du wirklich treffen kannst. Und auch der Heilige Geist (so wie ihn der Kurs in Wundern versteht) hat nicht vor, *irgendetwas* zu tun außer dich aus deinem Traum, es *gäbe* eine Welt, aufzuwecken!

Adyashanti schreibt dazu: „Was ich sage, soll euch wachrütteln, statt euch noch süßere Träume zu bescheren. Wie ihr noch schöner träumen könnt, wisst ihr selber. ... Denkt nun nicht, dass das Erwachen das Ende ist (AdV: ein Irrglaube, der viele daran hindert, überhaupt erwachen zu wollen!). Das Erwachen markiert das Ende der Suche, das Ende des Suchenden, aber es ist zugleich der Beginn eines Lebens aus dem wahren Sein heraus. Das ist eine völlig andere Entdeckung – Leben, das aus dem Einssein heraus gelebt wird, indem ihr verkörpert, wer ihr seid, indem ihr als Mensch das Einssein ausdrückt. Es ist keine Frage mehr, ob ihr das Eine werdet; ihr seid das Eine. Die Frage ist nur, ob ihr das Eine bewusst zum Ausdruck bringt. Ist das Eine zu sich selbst erwacht? Habt ihr euch daran erinnert, was ihr wirklich seid? Und wenn ja, lebt ihr es? Lebt ihr wirklich bewusst das Eine? In meinen Vorträgen geht es immer nur um das Erwachen und das nach dem Erwachen gelebte Leben, die Erwachtheit. Wie es auch scheinen mag, im Grunde genommen spreche ich immer nur von diesen beiden Dingen."

Ein wichtiger Aspekt bei dem Prozess der Zielsetzung ist die Motivation, die mich dabei beherrscht. Ich will versuchen, dies am Beispiel einer kürzlich erlebten Erfahrung deutlich zu machen, dass es nicht unbedingt dasselbe ist, wenn zwei Menschen das Gleiche tun.

Wir waren eine Busgemeinschaft von ca. 40 Teilnehmern, die sich einen Bauernhof anschauen wollten, auf dem Permakultur betrieben wird. Es waren alles Menschen, die selbst Ackerbau betrieben, die meisten davon in einer Arbeitsgemeinschaft in ihrer Freizeit.

Eine Gruppe dieser Teilnehmer wollte sich weiterbilden mit der Zielsetzung, bessere Eigenversorgung betreiben zu können, weil sie mit einem Generalzusammenbruch unserer gesellschaftlichen Strukturen und unserer Versorgung rechnen. Motivation: Angst.

Ein anderer Teil der Gruppe arbeitete aus einer völlig anderen Motivation heraus, nämlich, weil es ihnen Freude bereitet, mit und in der Erde zu arbeiten, die Krume in den Händen zu spüren usw.

Zwei die das Gleiche tun, aber noch lange nicht dasselbe.

Im Daodejing[36] XXXVII heißt es: „Der Edle tut es ohne Absicht."

Auch Wu Wei, häufig missverständlich übersetzt mit *Handeln durch Nicht-Handeln*, empfiehlt ein absichtsloses

---

[36] Auch *Tao Te King,* eine anonym veröffentlichte Sammlung von Spruchkapiteln, die als Gründungswerk des Daoismus angesehen werden.

Handeln, einfach, weil die Dinge im Sinne des und für das Tao gemacht werden müssen, ohne einen persönlichen Vorteil davon haben zu wollen. Es ist ein Zustand der inneren Stille, der zur richtigen Zeit die richtige Handlung ohne Anstrengung des Willens hervortreten lässt.

Safi Nidiaye drückt es so aus: „Es gibt eine Absicht, die hinter allem waltet. Absichtslos bist du im Einklang mit dieser Absicht. Begnügst du dich damit, zu sein, was du bist, zu tun, was du tust, zu fühlen, was du fühlst und zu wünschen, was du wünscht, so folgst du mühelos der Spur der göttlichen Absicht."

Natürlich spricht nichts dagegen, mehrere Ziele im Leben erreichen zu wollen. Gib diesen Zielen unterschiedliche Prioritäten. Sei dir deiner Zielsetzungen und deren Prioritätenlage bewusst, wenn du deine Lebenssituation bewertest.

III) Nutze jede Möglichkeit im Alltag Bewusstsein zu fördern.

Erinnere dich so oft wie möglich daran, wer und was du wirklich bist, nämlich „eins mit allem, was ist" und dass alles im Außen (inklusive deines Körpers) ein Traum ist, in dem nichts von sich aus eine Bedeutung hat – außer der, die Du ihr gibst. Mach aus diesem Bedeutunggeben einen bewussten Vorgang. Wenn Dich etwas besonders stört, mach dir klar: „Auch das bin ich; ich habe es erschaffen. Ich bin schon deshalb der Schöpfer, einfach weil es Bestandteil „meines" Traumes ist und deshalb ...

IV) Höre auf, Dich als Opfer zu fühlen,

d.h. übernimm Verantwortung für ALLES in Deinem Leben. Jeder ist immer für alles verantwortlich, was in seinem Leben passiert; d.h. jeder ist verantwortlich für das, was er tut, aber er ist eben auch verantwortlich für das, was ihm angetan wird.
Triff für dich selbst die definitive Entscheidung diese Verantwortung zu übernehmen und das Opfer-Sein aufzugeben.

Gangaji: „Die Bereitschaft, die Wahrheit deiner selbst zu verwirklichen, die Bereitschaft, frei zu sein ist auch die Bereitschaft, nicht länger das Opfer zu spielen, ungeachtet der Schmerzen, der Umstände oder der Taten anderer.
Kein Opfer mehr sein zu wollen heißt nicht, das Schreckliche im Leben herunterzuspielen, zu verleugnen, zu schönen oder zu verdrängen.
Es bedeutet, sich voll dem zu stellen, was immer gerade geschieht. Es steht Dir frei, zu leiden, indes steht dir frei, mit dem Leiden aufzuhören. Niemand außer dir kann ihm ein Ende bereiten; darin liegt die Freiheit."

V) Mach dir klar, dass es nichts und niemandem zu vergeben gibt,

denn wem wolltest Du etwas vergeben wenn Du kein Opfer bist, dem etwas angetan wird, sondern wenn Du die Eigenverantwortung für alles übernimmst, was in Deinem Leben passiert – betont sei nochmals: für ALLES!
Vergib Dir aber selbst, dass Du Dir so einen leidvollen Traum geschaffen hast.

Als Zwischenschritt in der Entwicklung kann es jedoch durchaus sinnvoll sein, einem anderen zu vergeben!
Der Kurs in Wundern schreibt dazu in seinen Ergänzungen: „Es ist unmöglich, einem anderen zu vergeben, denn es sind nur deine Sünden, die du in ihm siehst. Du willst sie dort sehen und nicht in dir. Deswegen ist Vergebung einem anderen gegenüber eine Illusion ... (AdV: Paradoxerweise aber:) ... Nur in einem anderen kannst du dir selbst vergeben, denn du hast ihn schuldig geheißen für deine Sünden, und in ihm muss deine Unschuld nun gefunden werden."

Ein sehr gutes Verfahren um dies im Leben umzusetzen ist das hawaianische Verfahren **Ho' oponopono:**

- A. *Einstimmung: Ich erkenne, dass das, was ich sehe/ erlebe, nicht die Wahrheit ist. Es ist ein Teil meines „Films", ein „Programm", das gerade auf meinem „Bildschirm" auftaucht, so, dass ich es jetzt heilen, integrieren oder „löschen" kann.*
  Ich übernehme die volle Verantwortung dafür. Ich habe es kreiert, also kann ich es auch verändern.

1. **ES TUT MIR LEID –** dass ich es so erschaffen habe, wie es gerade erscheint – und dass ich es als nicht vollkommen, als schmerzhaft, hasserfüllt oder angstauslösend erlebe.

Ich bin offen für eine neue Sichtweise und bereit, dass jetzt Heilung geschehen darf.

2. **MÖGE VERGEBUNG GESCHEHEN**
Ich bitte um Vergebung, was ich getan und angetan habe; und ich vergebe mir selbst für diese Handlungen. Im Gegenzug vergebe ich alles, was mir (angeblich) angetan wurde.
Ich übergebe/vergebe es (so wie ich einen Auftrag an eine Firma vergebe) an eine höhere Instanz, bereit es korrigieren und heilen zu lassen. Ich bin bereit, alle meine Urteile darüber loszulassen. Möge Heilung geschehen._

3. **DANKE**, dass ich jetzt erleben kann: ALLES IST GUT. Ich bin bereit aus einer höheren Perspektive zu erkennen dass alles einen Sinn hat und einem großen Plan folgt.
Danke, dass es sich mir jetzt in dieser Form zeigt, so dass jetzt Transformation und Heilung geschehen kann. An eine Person: Danke, dass du mir „meine Knöpfe drückst", so dass ich erkennen kann, wo Heilung/Transformation nötig ist.

4. **ICH DEHNE MEINE LIEBE AUS**, ich trete ein in den Raum von reinem Gewahrsein, Liebe, Präsenz und dehne mich darin aus.....ich erkenne meine Vollkommenheit und meine Unschuld. Ich akzeptiere die Situation, wie sie ist und sehe das Vollkommene darin. Und ich bezeuge ihren Wandel und ihre Erlösung.

Nicht im ursprünglichen Ho`oponopono enthalten, aber meines Erachtens nach sinnvoll:
5. **ICH SEGNE** meinen Partner in dieser Situation, ich segne seinen zukünftigen Weg, ich segne unsere Beziehung und die Heilung, die sie erfahren durfte. Und ich segne mich selbst und meinen zukünftigen Weg.

VI) Mach Dir immer wieder klar, dass die Lösung nicht im Tun liegt.

In unserer Gesellschaft wird uns das so beigebracht: Ich tue etwas und daraus resultiert ein Ergebnis, das etwas mit mir macht. Ein Beispiel: Ich spiele Lotto, Resultat: ich gewinne den Jackpot, Ergebnis: jetzt bin ich glücklich. Sehr kurzfristig vielleicht, aber im Prinzip NEIN! So wird das Pferd von hinten aufgezäumt.

In Wirklichkeit funktioniert die Sache andersrum: Ich bin etwas (z.B. mitfühlend), daraus resultiert ein bestimmtes Tun (z.B. dass ich einem Bettler ein Geldstück in den Hut werfe).
Die „richtige" Reihenfolge schaut also so aus:
SEIN – TUN – HABEN

Die Schöpfung ist in sich vollkommen. Daher ist es sinnlos, sie zu verändern. Wenn ich etwas Vollkommenes verändere, kann ich es nur unvollkommen machen.
Und es ist nicht nur sinnlos, es ist schlichtweg nicht möglich.

Wenn sich nun aber aufgrund irgendwelchen Handelns meinerseits ein Ergebnis im Außen zeigt, dann stellt dies keinen Schöpfungsakt dar, sondern es war seit Anbeginn der Zeit so vorgesehen und wurde von meinem „Ich bin" geschöpft, bzw. noch nicht einmal von ihm, sondern immer vom reinen Bewusstsein.

Natürlich müssen wir (vordergründig) laufend etwas tun und dazu treffen wir ja auch unentwegt Entscheidungen. Deshalb hier nochmals, weil so passend, kurz der Hinweis auf den Heiligen Augustinus: „Liebe und mach, was du magst" und oben ausgeführte Überlegungen dazu.

Nichts tun geht nicht, denn der Weg muss gegangen werden. Bis zu einem bestimmten Punkt. Die intellektuelle

Erkenntnis – sprich ein Nachplappern der Aussagen von Erleuchteten – dass es den Weg in Wirklichkeit gar nicht gibt, erspart uns den eigenen Weg nicht.
Wenn du dich mit einer bestimmten Handlung wohl fühlst, z.B. bei einer Meditation, dann spricht nichts dagegen. Aber mach sie, ohne Erwartungen daran zu stellen, einfach aus dem Grund, weil du dich dabei wohl fühlst.

Eine sehr gute Meditationsmethode beschreibt Tom Kenyon in seinem Buch „Das Manuskript der Magdalena". Da ich selbst mit dieser Art von Meditation beeindruckende Erlebnisse hatte, erlaube ich mir, die Ausführungen von Tom Kenyon direkt zu übernehmen:

„Die Himmelstor-Meditation bezieht sich auf die Drachenpunkte. Das sind Treffpunkte, an denen eine Chi-Form einer anderen begegnet. Im menschlichen Körper gibt es mehrere dieser Drachenpunkte, und das Himmelstor ist einer davon. Hier fließt das himmlische Chi in den Körper und begegnet so dem terrestrischen Chi. Dadurch wird dieser Bereich energetisch aufgeladen, und die Taoisten machen sich das seit langem zunutze.

Setze dich bequem hin und schließe die Augen. Du kannst dich auch hinlegen, doch viele Menschen schlafen dabei ein. Achte einfach auf deinen Atem, ohne ihn zu verändern. Bemerke seinen Rhythmus und seine Tiefe. Nach einer kleinen Weile bringe deine Aufmerksamkeit zu der Stelle, die etwa zwei bis drei Zentimeter hinter deiner Nasenwurzel sitzt. Stell dir vor, dort wäre eine quadratische Öffnung von etwa zweieinhalb Quadratzentimetern. Das ist das Himmelstor.
Konzentriere dich nicht darauf, sondern sei dir einfach dessen bewusst. Wenn Gedanken oder Phantasien auftauchen, ist das kein Problem. Lass sie einfach fröhlich ihre Bahnen ziehen, während ein Teil deiner Aufmerksamkeit bei dieser Öffnung ist. Du kannst dabei denken, was du willst, die Übung wirkt, solange ein Teil deiner Aufmerksamkeit bei dem Himmelstor ist.

Du wirst bemerken, dass die Gedanken nach einer Weile langsamer zu werden scheinen und größere Abstände zwischen ihnen auftauchen. Schließlich werden sie gänzlich aufhören, zumindest für kurze Augenblicke. In diesen Augenblicken wirst du bemerken, dass auch dein Atem sehr flach wird oder ganz aussetzt. Dies ist ein natürliches Zeichen dafür, dass du in einen Zustand tiefer Ruhe eingetreten bist. In diesen Zuständen der Stille, des Nichtatmens und des Nichtdenkens ist ein Kontakt mit dem Tao möglich.
(AdV: den Du nicht „machen" kannst, sondern der Dir vom Tao gnadenhalber geschenkt wird!)

VII) Lerne richtig zu beten

In der Regel beten wir aus einem Mangel(denken) heraus, wenn wir uns in Gefahr befinden oder in großer Not; seltener bedanken wir uns für etwas, was wir erhalten haben, für etwas, was uns gewährt wurde. Um es hart auszudrücken: wenn wir beten, dann jammern, winseln und betteln wir in der Hauptsache. Und das funktioniert nicht.

In „Die Illusion des Universums" drückt Pursah es so aus: „Geh nicht in die Falle zu glauben, du könntest einfach zu Gott beten und alles regle sich danach von selbst. Das ist ein Märchen."

Mit Ausnahme der Dankgebete entspringen Gebete immer dem Wunsch, etwas ändern zu wollen, bzw. etwas geändert zu bekommen: der stiftende Gedanke. Wenn ich um Gesundheit bitte, ist der stiftende Gedanke, dass ich krank bin. Nun beantwortet uns das Universum leider nicht unsere Bitte, sondern den stiftenden Gedanken.

In Wirklichkeit ist es sogar so, dass nicht der stiftende Gedanke verwirklicht wird, sondern das, was hinter dem stiftenden Gedanken wirkt und diesen erst an-stiftet: ein Gefühl. Nur wenn ich einen Mangel fühle, komme ich auf die Idee, dass es einen Mangel zu geben scheint, der durch ein Gebet beseitigt werden kann oder soll. Gefühle sind die stille Sprache, mit der der Mensch mit dem Universum und mit Gott kommuniziert.

Und weil die Gefühle vor ihrem Ausdruck durch Worte existieren, kann Jesus folgendes versichern: „Euer Vater weiß, was ihr bedürfet, ehe ihr ihn bittet." Mathäus 6,7-8

Gregg Braden schildert, wie die indianischen Ältesten einen Jungen in das Geheimnis des Betens einweihten: „Wenn wir darum bitten, dass etwas geschehen soll, geben wir den Dingen Macht, an denen es uns mangelt. Gebete für Heilung stärken die Krankheit, Gebete für den Regen die Dürre. Indem wir ständig um das bitten, was

wir haben möchten, geben wir ausschließlich den Dingen, die wir ursprünglich ändern wollten, mehr Macht
... Wenn Fühlen das Gebet ist, verwehren wir uns genau die Früchte, die wir uns erhofft hatten, wenn wir darum beten, dass etwas geschieht, und gleichzeitig das Gefühl in uns zulassen, dass es genau an diesem Etwas in unserem Leben mangelt."

Prentice Mulford formuliert: „... unbewusst ist unser ganzes Tun ein Beten ohne Unterlass!"
„Wir haben in jedem Moment eines jeden Tages unseres gesamten Lebens Gefühle ... Wenn Fühlen gleich Beten ist, befinden wir uns permanent in einem Zustand des Betens. Jeder Moment ist ein Gebet, unser ganzes Leben ist ein Gebet. Wir senden dem Spiegel der Schöpfung immerzu Botschaften."
Der *Witz* dabei ist, „dass der Spiegel uns unsere wahren Überzeugungen zeigt – und nicht das, was wir gerne sehen würden (oder das, um was wir bitten)."

> Einschub: Das ist auch der Grund, warum die ganze Sache mit dem positiven Denken, bzw. Affirmationen oder Bestellungen beim Universum sich in der Praxis schwieriger gestaltet als es sich in der reinen Theorie darstellt, um nicht einfach zu sagen, warum es nicht wirklich funktioniert.

Safi Nidiaye: „Denke positiv; denke negativ; es ist einerlei. Nicht dein Denken bestimmt dein Glück, sondern dein Herz. Nicht was du dich zu denken bemühst, entscheidet über deine Realität, sondern was du in Wahrheit denkst. Was du in Wahrheit denkst – unwillkürlich -, folgt deinem Herzen. Ist dein Herz verschlossen, so sind deine Gedanken trennend, abweisend, wertend, kalt. Ist dein Herz offen, so sind deine Gedanken warm, lebendig, wandelbar. Wenn du wahrhaft positiv denken möchtest, so <u>übe dich nicht im Zurechtbiegen deiner Gedanken, sondern darin, dein Herz zu öffnen</u>. Nur das verwandelt ... Dein Bemühen, positive Gedanken an die Stelle negativer zu setzen, kann jedoch deine innere Realität nicht verändern ... Du brauchst dich nicht in der schwer zu beherrschenden Welt der Gedanken abzuplagen, wenn du weißt, dass die wahre Veränderung in der unendliche einfachen Wirklichkeit deines Herzens geschieht. Anstatt dein Denken zu verändern, beobachte es; betrachte es ruhig und freundlich, doch fechte keine Kämpfe aus mit Gedankengespenstern. Halte nur dein Herz offen, um die Wahrheit des jeweiligen Augenblicks mit deinem ganzen Sein zu berühren und dich von ihr berühren zu lassen. Das ist positives Sein; <u>alles willkommen heißen, alles umschließend, alles verstehend und nichts und niemand ausklammernd</u>. Selbst Gegner, die du in ihre Schranken weisen oder schachmatt setzen musst: So hart deine Gesten auch sein mögen, dein Herz halte weich. So wirst du eins mit dem Positiven jenseits von positiv und negativ und ruhst in der Fülle des Seins. Und obwohl dich alles berührt, kann dich nichts verletzen."

Nach Braden bekräftigt das Quantenprinzip die Aussage, „dass das Gebet ... ein Seinszustand ist, und nicht etwas, das wir tun."
„Das, was wir erschaffen wollen, müssen wir also zunächst als bestehende Realität empfinden. Wenn wir es im Herzen fühlen können – also es nicht nur erdenken, sondern es auch wirklich fühlen – dann kann es sich tatsächlich in unserem Leben manifestieren."

Jesus bekräftigt diese Aussage: „Darum sage ich euch: Worum ihr im Gebet auch bittet, glaubt, dass ihr es (AdV: schon) empfangen habt, dann werdet ihr es auch erhalten." Markus 11,24

Bei Neal Donald Walsh wird es so ausgedrückt: „ .. ein Gebet ist nichts weiter als eine inbrünstige Aussage über das, was so ist ... Es ist gar keine Bitte, sondern eine in Dankbarkeit geäußerte Aussage über das, was so ist."

VIII) Lebe bewusst im Hier und Jetzt

Den meisten Menschen ist es verstandesmäßig klar, dass Leben nur im Hier und Jetzt stattfinden kann. Wenn wir hier sind, können wir nicht in Amerika sein. Hier und jetzt schließt auch Alternativen mit ein: wenn wir eine lebensbedrohliche Krankheit haben, sind wir nicht gesund, ob wir an ihr leiden, ist wiederum eine völlig andere Frage.

Wir können an die Zukunft denken, wir können uns vor ihr fürchten, uns auf sie freuen, aber leben können wir in ihr nicht. Das ist der Grund, warum der Satz „Alles wird gut" völliger Humbug ist. Richtig ist, dass alles gut *ist*, wir aber gerade kein Bewusstsein dafür haben, wir sind raus-gefallen, wahrscheinlich rein-ge-fallen auf (eine der Fallen) unseres Egos, dessen ständiges Bemühen es ist, uns im Traum zu halten, denn sonst droht ihm der Tod, und das ist das, was das Ego am meisten fürchtet.

Ich will Ihnen ein Beispiel erzählen: Ich kenne einen Menschen, von dem ich glaube, dass er erleuchtet ist. Der sagte einmal beim Kaffeetrinken – seine Frau saß neben ihm: „Wenn morgen meine Frau stürbe, wäre ich übermorgen wieder der glücklichste Mensch der Welt."
Ich habe diese Geschichte schon sehr vielen Menschen erzählt, und jeder – ausnahmslos jeder – hat entsetzt reagiert. „Herzlos" oder „der kann doch seine Frau nicht lieben" und ganz konkret „so möchte ich nicht sein", waren die Reaktionen.

Aber genau das ist leben im Hier und Jetzt. Wenn meine Frau gestorben ist, ist sie nicht mehr da. Leben im Hier und Jetzt heißt aber, sich mit dem zu beschäftigen, was (da) ist und zwar ohne es zu bewerten, ohne es abzulehnen oder es verändern zu wollen. Ganz einfach, oder? Aber eben nicht leicht.

Mit ihrer Reaktion auf diese Geschichte haben alle Menschen ganz deutlich gemacht, dass sie (unbewusst) eine eindeutige Entscheidung getroffen haben: Sie wollen im Traum bleiben, ihn verbessern, angenehmer gestalten, aber – nicht um Gottes, sondern um des Egos Willen – nicht erwachen.

Der Mystiker Angelus Silesius drückt es so aus:
„Dass nach der Himmelstür so wenig Menschen greifen! Es will sich keiner dran den alten Balg[37] abstreifen."

Vor einer solchen unbewussten Ego-Entscheidung kann mich nur eines retten: **Bewusstsein**!

Im folgenden noch ein paar interessante Gedankengänge zum Hier und Jetzt aus dem Büchlein „Das unpersönliche Leben": „Ich sage dir, diese Dinge der Vergangenheit haben nichts mit dir zu tun. Die Zeit ist gekommen – vielleicht kannst du es erkennen – da du alles angehäufte Wissen beiseite schieben musst, alle Lehren, alle Religionen, alle Autorität, wie sie in dieser und meinen anderen äußeren Offenbarungen ausgedrückt ist. Denn ich habe dich zu dem Bewusstsein meiner Gegenwart im Inneren erweckt, zu der Tatsache, dass alle Autorität, alle Lehren und Religionen, die von äußeren Quellen kommen – wie hoch und heilig auch immer – auf dich keinen Einfluss mehr haben können, es sei denn, sie werden ein Mittel, dass du dich nach innen zu mir wendest, zu meiner entscheidenden Autorität in allen Fragen, ganz gleich welcher Art. Warum also im Vergangenem – in Religion, menschlichem Wissen oder in Erfahrung anderer – nach der Hilfe und Führung suchen, die Ich allein geben kann? Vergiss alles, was gewesen ist. Das Vergangene ist tot. Warum deine Seele mit toten Dingen belasten?

Genau so weit, wie du am Vergangenem festhältst, lebst du noch in der Vergangenheit und kannst nichts mit mir

---

[37] Der alte Balg, das ist das Ego mit seinen Gefühlen, seinem Denken, Urteilen, Vorstellungen usw.

zu tun haben, der im immergegenwärtigen Jetzt lebt, dem Ewigen ...
Ebenso geht dich die Zukunft nichts an. Wer von der Zukunft seine endgültige Vollkommenheit erwartet, ist an die Vergangenheit gekettet und kann erst frei werden, wenn sein Gemüt nicht länger mit den Folgen seiner Handlungen beschäftigt ist, und wenn er mich als seinen einzigen Führer anerkennt und alle Verantwortung auf mich wirft.
Du, der du eins bist mit mir, bist jetzt vollkommen und warst immer vollkommen, kennst weder Jugend noch Alter, weder Geburt noch Tod.
Du, das Vollkommene, hast nichts zu schaffen mit dem, was gewesen ist oder was sein wird. Du sorgst für nichts als für das ewige Jetzt. Nur das geht dich etwas an, was dir unmittelbar gegenüber steht – nämlich wie du hier und jetzt meine Idee vollkommen in der Situation ausdrückst, in der Ich dich vorsätzlich zu diesem Zweck gestellt habe.
Wenn das geschieht – warum lässt du das Vergangene nicht hinter dir, anstatt dass du es mit dir herumschleppst und dadurch dein Gemüt und deine Seele mit Folgen belastest, die nur leere Schalen sind, aus denen du den Inhalt herausgezogen hast? All dies gilt (ebenso) für die Reinkarnation; an diesen Glauben sind viele Menschen fest gekettet.
Was hast du, das Vollkommene, das Ewige, mit vergangenen oder zukünftigen Verkörperungen zu tun? Kann das Vollkommene seiner Vollkommenheit etwas hinzufügen? Kann das Ewige aus der Ewigkeit hervortreten oder zu ihr zurückkehren?
ICH BIN, und du bist – EINS mit mir – und bist immer gewesen und wirst immer sein. Dein ICH BIN lebt und reinkarniert sich in allen Körpern (nur) zu dem einen Zweck, meine Idee auszudrücken ...
In der Zwischenzeit bist du fest angekettet. Deine Persönlichkeit mit ihren selbstsüchtigen Wünschen und ihrem selbstsüchtigen Suchen ist noch an Händen und Füßen an die Vergangenheit gebunden und erwartet ihre

Befreiung nur von der Zukunft, wenn alle Folgen ihrer Handlungen endgültig ausgetragen sein werden. Sie beherrscht dein Gemüt und deinen Intellekt durch diesen irreführenden Glauben an Geburt und Tod und durch die Annahme, dies sei dein einziger Weg zur endgültigen Befreiung und Vereinigung mit mir. Sie verhindert, dass du unsere ewige und immerwährende Einheit erkennst und dass du dein Selbst in jedem Augenblick befreien kannst, wann du es willst.
Denn nur die Persönlichkeit wird geboren und stirbt, nur sie ist bestrebt und bemüht, ihr Bleiben im Körper und im irdischen Leben zu verlängern und sich dann wiederzuverkörpern, nachdem ich für ihren jetzigen Körper keine Verwendung mehr habe.
Allein an diese Persönlichkeit bist du durch die Glaubensanschauungen und Meinungen gebunden; sie hat sie dir aufgezwungen durch die Zeitalter hindurch, in denen sie dein menschliches Gemüt mit solchen Täuschungen beschäftigt hielt. Nur wenn du dich erheben kannst in die Verwirklichung deiner göttlichen Unsterblichkeit, Allmacht und Intelligenz, wenn du alle persönlichen Glaubensanschauungen und Meinungen abzulegen vermagst – nur dann kannst du dein Selbst von diesen falschen Bindungen befreien und dein wahre Stellung als Herr und König einnehmen, eins mit mir auf dem Thron des Selbst."

Paramahansa Yogananda stellt genau diesen Sachverhalt mittels einer kleinen Geschichte dar: Stell dir vor, du träumst einen Traum. In diesem Traum bist du ein Mörder; du wirst erwischt und zu lebenslanger Gefängnisstrafe verurteilt. Tag für Tag, Woche für Woche, Monat für Monat, Jahr für Jahr wachst du morgens in deiner Zelle auf und ein minutiös geplanter Tagesablauf beginnt, bis ... du erwachst. Sofort ist dir der Rest der Strafe „erlassen".
Ein anderes Wort von ihm lautet sinngemäß: „Leute, ihr seid Gott, und Gott hat kein Karma!"

Abschließend noch ein weiterer Aspekt. Viele Menschen glauben, die Verhältnisse der Gegenwart müssten erst geändert werden, damit sie das leben können *wofür sie eigentlich da sind*; gemeint ist damit meistens die Liebe leben, Licht auf die Erde bringen oder ähnliche esoterische Ideen.

Ganz besonders deutlich wird das bei der Frage von Erwachsenen an Kinder „Was willst du denn mal werden?" Das impliziert natürlich den Gedanken, dass sie noch nichts sind; sind sie aber, nämlich perfekte Kinder.

Auch hier befindet sich eine Falle, in die allzu leicht getappt wird. Es gibt nichts, wofür ich eigentlich da bin, was aber im Moment nicht gelebt wird. Das, was im Moment passiert, ist genau das, wofür ich hier bin. Ich lebe in jedem Moment genau unter den Umständen und mache in jedem Moment genau die Erfahrungen, die sinnvoll und seit Anfang aller Zeiten so vorgesehen sind.

Annehmen, was ist, Begierde und Widerstand hinter sich lassen und jegliche Anhaftung aufgeben. Es gilt nicht, die Welt zu heilen oder zu erlösen, sondern sie als Illusion zu erkennen. Nur so vertrödle ich meine Zeit nicht mit einem Versuch, meinen Traum schöner zu gestalten, sondern komme meinem Ziel näher, aus ihm zu erwachen.

Weil es so wichtig ist und so leicht überlesen werden kann, möchte ich es noch mal wiederholen: **Es gilt nicht die Welt zu heilen oder zu erlösen, sondern sie als Illusion zu erkennen.**

IX) Lerne Gefühle und Emotionen zu beherrschen

Emotionen und Gefühle, beides kann ich fühlen. Sind sie also das Gleiche?
Um es gleich kurz und deutlich zu sagen: Nein, sind sie nicht!

Es gibt eine Menge Emotionen.
Aber es gibt nur zwei Gefühle.

Ups, und worin liegt der Unterschied?
Angst[38] und Liebe[39] sind die einzigen Gefühle, deren du fähig bist,_{Ein Kurs in Wundern} werden im Inneren wahrgenommen und haben nur für dich selbst Bedeutung.
Alle Emotionen sind Ableger (quasi Kinder dieser beiden Gefühle), die sich nach Außen bemerkbar machen.

Aus der Liebe heraus entstehen „positive" Emotionen wie Mitgefühl, Dankbarkeit, Hilfsbereitschaft und Freude. Alle positiven Emotionen sind Abdrücke der Liebe in unserem Ego.

Umgekehrt produziert das Gefühl Angst „negative" Emotionen, in denen es sich sozusagen verkleidet, z.B. Wut, Hass, Gier, Eifersucht, Zorn, Hass, Neid, Traurigkeit, Verzweiflung usw. Jede dieser Emotionen erzählt von einer anderen Angst. Eifersucht ist die Angst meinen Partner zu verlieren, Neid die Angst, dass ich weniger haben könnte als der andere, Gier zeigt die Angst, nicht genug zu bekommen, Zorn und Hass entstehen oft bei Verlusterlebnissen und die dabei vorhandene Angst, dass mir so etwas wieder passieren könnte usw.

---

38 und da Angst ein Gefühl ist, gefühlt von einem Ego, gehört es in die Dimensionen der Seele und des Körpers, hat aber nichts zu tun mit der eigentlichen Wirklichkeit, der Dimension des Geistes.

39 Auch das, was wir als Liebe fühlen, ist Nicht-Realität, es ist eine Erinnerung an das, was wir wirklich sind: Reine Liebe.

Der Kurs in Wundern sagt: „Eines (dieser beiden Gefühle, AdV.) ist falsch, denn es wurde aus der Verleugnung heraus gemacht" Verleugnung von was? Verleugnung meiner wahren Natur, Verleugnung der Tatsache, dass ich den Himmel nie verlassen habe, dass ich nie getrennt wurde, von Gott nicht und auch nicht vom Leben. „Deine Angst ist ein Ruf nach Liebe, im unbewussten Erkennen dessen, was verleugnet wurde." Angst entsteht also aus der Illusion heraus, der Illusion des Traumes, den meine Seele träumt. Und sie besteht vom ersten Anfang des Traumes an; insofern ist sie wirklich ein Ur-Gefühl.

Indem ich die Illusion als das wahrnehme, was sie wirklich ist, nämlich Nicht-Realität, Un-wirklichkeit[40], verliert die Angst ihre Entstehungsberechtigung und verschwindet.

Aber auch das Gefühl der Liebe ist ein Bestandteil der Illusion; im Gegensatz zur Angst aber kein bedrohlicher. Und das Gefühl der Liebe ist nicht begründet auf eine Nicht-Wirklichkeit, sondern auf eine Erinnerung an die Wirklichkeit. Das Gefühl der Liebe ist ein tiefes unbewusstes Wissen um das, was wir wirklich sind, das nicht zu befriedigende Sehnen[41] zurück nach Hause.

---

40 „Nichts Wirkliches kann bedroht werden. Nichts Unwirkliches existiert. Hierin liegt der Frieden Gottes." Ein Kurs in Wundern

41 Dieses rastlose Streben und Sehnen, das nicht befriedigt werden kann und uns deshalb immer weitertreibt, ist die Garantie dafür, dass wir uns nicht in der Materie, unserem Traum, für immer verfangen können.
Goethe drückt es sehr poetisch im Faust aus: „Werd' ich zum Augenblicke sagen: Verweile doch! Du bist so schön! Dann magst du mich in Fesseln schlagen, dann will ich gern zugrunde geh`n!"
Augustinus drückt es so aus: „Rastlos ist mein Herz, bis es Frieden findet in dir, o Gott."
Und auch Meister Eckhart lehrt diese Wahrheit: „… das ist allen Kreaturen versagt, dass irgendeine alles das habe, was den Menschen gänzlich zu trösten vermöge."

Unsere Emotionen und Gefühle halten uns in der Welt der Materie fest und zwar die positiven genauso wie auch die negativen!!!
Irgendwann – wenn wir soweit sind – wird sich unsere Anhaftung an die Gefühle auflösen.

Angelus Silesius:
„Mensch, wenn dich weder Lieb` berührt noch Leid verletzt,
So bist du recht in Gott und Gott ist in dich versetzt."

Alan. W. Watts:
„In sich selbst sind Sein und Nicht-Sein weder freudvoll noch leidvoll."

Aber auf dem Weg sind Gefühle und auch Emotionen durchaus auch sinnvoll, besser gesagt, können auch sinnvoll sein; nämlich dann, wenn ich sie sinnvoll einsetze. Dazu muss ich als erstes lernen Herr oder Herrin meiner Gefühle zu werden. Wenn ich meine Emotionen/Gefühle von äußeren Umständen bestimmen lasse und mich ihnen dann auch noch wehrlos ausliefere, dann ergibt das keinen Vorteil, dann ist die Sache sinnlos, und sinnloses Leid in den meisten Fällen noch obendrein.

Der grundsätzlich positive Aspekt an Gefühlen ist der, dass sie mir sicheren Hinweis geben auf Anhaftungen und Verletzungen, die der Heilung bedürfen. Wenn mir ein Gefühl dafür die Augen öffnet, wo noch Handlungs- und Heilungsbedarf liegt, dann hat es seinen Sinn wirklich erfüllt. Und wenn ich mich diesem Gefühl nicht ausliefere, entsteht auch kein Leid dabei.
Emotionen sind einfach Zeiger oder Indikatoren, die mir verraten, wo es sich lohnt, genauer hinzuschauen und woran ich noch arbeiten sollte, wenn ich wirklich weiterkommen will. Sie sagen etwas aus über die Prioritäten, die ich setze, zeigen mir meine Defizite im Bewusstsein.

Walsh formuliert es folgendermaßen: „An Ihnen und nur an Ihnen liegt es, was irgendetwas Ihnen bedeutet. Sie und nur Sie entscheiden, was wichtig ist und was nicht, was gut und was schlecht ist, was in Ordnung und was nicht in Ordnung ist. Von Ihnen allein hängt es ab, ob sie positiv oder negativ auf etwas reagieren, vielleicht sogar überhaupt keine Reaktion zeigen. **Ihre Emotionen unterliegen ganz und gar Ihrer Kontrolle**. Ihre Gefühle sind so, wie Sie sie haben möchten."
„Das stimmt nicht!" werden Sie jetzt vehement einwenden. „Ich möchte keine unguten Gefühle. Ich habe Sie einfach." Aber so ist es nicht, und je früher Sie das erkennen, desto eher werden Sie Ihr eigenes Leben meistern."

Beherrschung der Gefühle und Emotionen ist also angesagt. Dazu bedarf es zweier Dinge, des Wollens und des Könnens.
Wobei das Wollen den ersten Schritt darstellt. Aus meiner Praxis heraus kann ich jedoch sagen, dass dieser Schritt bei vielen Menschen auf großen Widerstand trifft. „Wenn ich keine Emotionen mehr habe, kann ich mich ja gar nicht mehr freuen", so lautet oft die Schlussfolgerung, wenn sie mich nicht mehr überwältigen können, so sind sie nur noch halb so viel wert.
Lieber ein bekanntes Unglück als ein unbekanntes Glück. Im ersteren kenne ich mich aus, da habe ich meine Mechanismen, im Unglück fühle ich mich zuhause und sicher. Ein grandioser Fehlschluss, der eine wirkliche Weiterentwicklung (im Moment) nicht mehr möglich macht, aber natürlich im Drehbuch des Lebens seit Anbeginn der Zeit genau so vorgesehen ist.

Als Zwischenschritt sozusagen, den alle gerne akzeptieren, ja erwünschen, bietet es sich an, erst einmal die Ängste beherrschen zu lernen. Und am leichtesten kann ich eine Angst beherrschen, indem ich sie auflöse. Wenn nichts mehr da ist, gibt es nichts mehr zu beherrschen. Das wiederum ist leichter als die meisten Menschen glauben. ☺

In meinem Buch „Die Esoterik-Falle" habe ich Ihnen ein Verfahren vorgestellt, mit dessen Hilfe Sie jede Angst in wenigen Minuten auflösen können. Ich habe das Verfahren bei Herrn Dr. Peter Reiter erlernt, der es in seinem Buch „Dein Seelenhaus" veröffentlicht hat. Sowohl bei Herrn Dr. Reiter als auch bei mir hat dieses Verfahren immer funktioniert!

Ein Grundsatz im Umgang mit Gefühlen ist es, Gefühle, die wir haben, als erstes einmal anzuerkennen. Erlaube deinen Gefühlen, ans Licht deines Bewusstseins zu kommen, nimm´ sie an und schließe sie mit aller Liebe in dein Herz, wo sie mit der Kraft des liebenden Herzens umgewandelt werden können.

Und für viele Menschen ist dies schon ein enorm schwerer Schritt!

X) Liebe alles und jeden.

Wer mit den Augen der Liebe sieht – natürlich ist hier die reine Liebe gemeint, die bedingungs- und selbstlos liebt –, sieht das, was ist.
„Die Logik des Herzens ist eine andere als die Logik des Verstandes. Will der Verstand etwas begreifen, so folgert er gemäß den ihm eingegebenen Gesetzen. Will das Herz etwas begreifen, so öffnet es sich und schweigt. Für das Herz gibt es keine Ursache, keine Wirkung, keine logischen Konsequenzen[42]; es gibt nur das, was ist." (wie die meisten der folgenden Zitate von Safi Nidiaye)
Es ist nicht gut und es ist nicht schlecht; gut oder schlecht hängt ab von Bewertungssystemen, entweder im außen, z.b. gesellschaftlicher Art, oder innerlich, z.b. durch eine Bewertung meines Egos.

Das, was ist, kann verändert werden, da spricht nichts dagegen. Die Veränderung darf aber nicht aus einer Form der Anhaftung heraus geschehen, sondern aufgrund einer freien bewussten Entscheidung. Und „wenn ihr mit den Augen der Liebe seht, dann seht ihr immer, was zu tun ist. Gleichzeitig gibt euch die Liebe die Kraft und den Mut, es auch zu tun. Denn die Liebe und die Urintelligenz, diese beiden grundlegenden Urelemente des Universums, sind eins ...Ihr braucht nichts als Liebe. Und könnt damit Wunder bewirken. Wahre Wunder."

„Liebe ist der Weg zum Erwachen. Jedwedes spirituelles Bemühen, dem nicht Liebe zugrunde liegt, führt ebenso wenig zum Erwachen wie jede andere Tätigkeit, die nicht auf Liebe basiert. Ob du Schlager singst oder Mantras rezitierst, ob du Fußball spielst oder Gebete sprichst, macht im Bezug auf das Erwachen keinen Unterschied. Mantras, Gebete, Gesänge, Meditation, Yoga und Atembeobachtung können zu allerlei Resultaten füh-

---
42 AdV: Weil das Herz unsere Verbindung zur Seelenebene ist, auf der es ja keine Kausalität gibt.

ren: zum Erwachen führen sie nur, wenn sie aus und mit Liebe praktiziert werden. Jede Handlung, die aus und mit Liebe praktiziert wird, ist eine religiöse Übung und führt zum Erwachen. Oder besser gesagt: Das Erwachen liegt schon darin.
Wach bist du in dem Maße, in dem Liebe in dir lebendig ist.
Denn das Wesen der Realität ist Liebe.
Nicht-Liebe ist Traum."

„Bist du im Traum befangen, so hältst du die Welt für einen finsteren Ort und dein Leben für eine leidvolle Angelegenheit. Bist du erwacht, siehst du in allem die Liebe am Werk. Liebe, die danach trachtet sich zu manifestieren; Liebe, die sich Gehör verschaffen möchte; Liebe, die die Menschen ruft; Liebe, die schafft und zerstört, die auflöst und neu zusammensetzt.
Ihr Ziel: sich selbst zu erfüllen.
Liebe ist nicht deinem Willen unterworfen; aber du kannst der Liebe deine Bereitschaft erklären. Nicht nur grundsätzlich und allgemein, sondern immer wieder von neuem. In jeder Beziehung, die du unterhältst, und in jeder Situation kannst du in dir die Bereitschaft zur Liebe wecken. Die Liebe selbst kannst du nicht herbeizwingen; aber deine Bereitschaft öffnet ihr Tür und Tor. Bereitschaft ist eine Sache des Wunsches. Ist der Wunsch nach Liebe in dir vorhanden, so kannst du dich willentlich bereit machen für die Liebe.
Und erinnere dich: Wenn die Liebe durch dich wirkt, so muss das nicht bedeuten, dass du eine Empfindung erlebst, die du als Liebe identifizierst. Die Liebe Gottes fließt durch dein Herz in deine Handlungen, deine Gesten, deine Worte; um dich ihr zu öffnen, musst du grundsätzlich und in jeder Situation bereit sein; dein Wegweiser sei dabei aber nicht das Gefühl der Liebe, sondern die Wahrheit deines Herzens. Das ist zunächst ein großer Unterschied."

„Befindet sich der Mensch im Zustand der Liebe selbst, so ruht er im Sein; weder sucht er noch braucht er noch gibt er etwas; weder ist er verzückt noch besorgt, noch fühlt er sich geliebt oder nicht geliebt; er ruht im Sein, und, ruhend ist er ein unerschöpflicher Quell."

Angelus Silesius drückt es so aus:
„Mensch, wo du noch was bist, was weißt, was liebst und hast, so bist du, glaube mir, nicht ledig deiner Last."

Meister Eckhart bezieht sich bei dieser Thematik auf das Bibelwort: „Selig sind die Armen im Geiste, das Himmelreich ist ihrer." Matthäus 5,3
In einer Predigt führt er dazu aus: „Das ist ein armer Mensch, der nichts will und nichts weiß und nichts hat ... Denn ich sage euch bei der ewigen Wahrheit: Solange ihr den Willen habt, den Willen Gottes zu erfüllen, und Verlangen habt nach der Ewigkeit und nach Gott, solange seid ihr nicht richtig arm. Denn nur das ist ein armer Mensch, der *nichts* will und *nichts* begehrt."

„Es gibt keinen Weg zur Liebe, der nicht durchs Herz führt. Bevor der Mensch die Liebe finden kann, die er ersehnt, muss er sein eigenes Herz finden; und mit ihm seine verschüttete innere Wahrheit samt allen Leiden und Schmerzen, samt all dem Schrecklichen, das er in seinem Herzen vor dem Licht der Bewusstheit verborgen hält.
Dabei brauchen Schmerz und Leid, Trauer und Verwundung, Wut und Groll und Hass nichts anderes als Licht – eben dieses Licht der Bewusstheit, des Verstehens, um ihre Schrecken zu verlieren und sich umzuwandeln in Liebe.
Diese Umwandlung von Gefühlen, diese Befreiung von innerem Gift kann nicht absichtlich vollzogen werden. Jeder, der versucht, mit seinem Willen beispielsweise Wut in Mitgefühl zu verwandeln, wird früher oder später feststellen, dass die Wut immer noch vorhanden ist, nur abgetaucht in den Untergrund, versteckt im Körper, weil sie dem Bewusstsein nicht erwünscht ist.[43] Nein, ein-

---

43 AdV: „Eine interessante, bislang unveröffentlichte Studie über Vergebung und Zeit wurde an der Seattle University in

fach das Licht der Bewusstheit und des Verstehens auf die Wut richten: das ist ein freundlicher, anerkennender, annehmender Akt, ein Akt der Liebe. Die Wandlung geschieht von selbst durch Wahrnehmen und Annehmen, durch Liebe. Nicht Ablehnung heilt, sondern Annehmen. Das ist die wunderbare Fähigkeit des Herzens. Das Herz, wenn man es lässt, kann gar nicht anders als wahrnehmen und annehmen. Annehmen heißt nicht: als gut bewerten; es heißt auch nicht, als etwas Bleibendes akzeptieren. Es heißt einfach, etwas anzunehmen als das, was ist." Safi Nidiaye

Abschließend noch einmal eine Passage aus dem Büchlein „Das unpersönliche Leben": „Du Mensch, wenn du nur ein Zehntel der Zeit und Energie, die du vergeudet hast, um in äußeren wertlosen Formen menschlichen Wissens und menschlichen Lehren zu suchen, dazu verwendest, in ernstem, entschlossenem nach innen gerichteten Bemühen mich zu finden – wenn du nur eine Stunde jeden Tag mir allein auf die Weise weihst, dass du dir meine Gegenwart in dir vorstellst und danach handelst, verspreche ich dir hier, du wirst mich nicht nur bald, sehr bald finden, sondern ich will dir eine unerschöpfliche Quelle solcher Weisheit, Kraft und Hilfe sein, wie dein menschliches Gemüt jetzt unmöglich fassen kann ... In den folgenden Worten liegt das große Geheimnis verborgen. Gesegnet bist du, der es findet.
Sei still! Und wisse – ICH BIN – GOTT.
Wisse: ICH BIN in dir. Wisse: ICH BIN du. Wisse: ICH BIN

Washington State durchgeführt. Erste Ergebnisse zeigten, dass innere Zufriedenheit, die beschrieben wurde als ›frei von jeglichem Groll‹, nicht durch einen Akt der Vergebung, sondern durch die plötzliche Entdeckung kam, dass sie vergeben hatten. Alle berichteten: Je mehr sie zu vergeben versuchten, desto schwieriger wurde es und desto mehr Groll verspürten sie. Sie hörten auf mit dem Versuch zu vergeben und ließen einfach los. Nach einer gewissen Zeit kam die Erkenntnis, dass sie keinen Groll mehr hegten und in der Tat vergeben hatten."
Wobei die Schlüsselstelle heißt: Sie ließen los ☺.

dein Leben. Wisse: alle Weisheit, alle Liebe, alle Macht ist in diesem Leben beständig, das – jetzt – uneingeschränkt durch dein ganzes Dasein fließt."

Mark Fisher gibt eine ähnliche Formel: **„Sei ruhig, mein Herz, und wisse, du bist eins mit Gott."** „Als mein Mentor beschloss, sie mir zu verraten, sagte er vorab, dass dies von allen Geheimnissen der Welt das Kostbarste sei."

Wenn Ihnen jetzt ein Gleichsetzen mit Gott Bauchschmerzen und Unwohlsein bereitet, ersetzen Sie doch mal „Gott" durch „Alles, was ist", z.B. „Ich bin eins mit Allem, was ist!"

An dieser Stelle ein Verweis auf Goethe: „Man muss es nicht nur wissen, sondern auch anwenden! Man muss es nicht nur wollen, man muss es auch tun!",
bzw. Erich Kästner:„Es gibt nichts Gutes, außer: Man tut es." ☺

Und schauen Sie einfach mal, was dann passiert.

Anhang 1

Das Christentum als Grundlage unseres irrtümlichen Denkens, Fühlen und Handelns.

Wenn ich etwas ändern möchte und zwar bewusst und sinnvoll, ist es unumgänglich, dass ich das System verstehe, das mich zu meinem bisherigen Verhalten geführt hat.
Die Basis unseres Handelns ist das Denken mit seinen Schlussfolgerungen, sowie unsere Gefühle. Der Eine lässt sich mehr vom Kopf, der Andere mehr vom Bauch lenken. Beides sind Bestandteile und Werkzeuge unseres Egos und daher geprägt von unserer Sozialisation. Diese wiederum wird neben unseren Erfahrungen (auch in früheren Inkarnationen) bestimmt von unseren Eltern und unseren Lehrern; sprich in der Hauptsache von der Kultur und der Zeit, in der wir leben.
Unsere Kultur wiederum ist seit fast zweitausend Jahren beinahe ausschließlich von der katholischen Kirche (und ihren Ablegern) geprägt, der sogenannten christlichen Kirche.

Die christliche Kirche ist jedoch eigentlich eine jüdische! Paulus, der Begründer des heute existierenden Christentums wollte das Alte Testament der ganzen Welt öffnen. Mit der Idee des alttestamentarischem Gottes JHWH (Jachweh oder Jehova), sowie seiner fehlenden Gleichstellung der Frau stieß er bei den Urchristen, die ihren Glauben gnostisch empfanden, auf völlige Ablehnung, da diese die Originallehre von Jesus (so ist nun die Liebe des Gesetzes Erfüllung." Römer 13,10) noch kannten. „Die mystische Gemeinschaft der Nazoräer, deren Haartracht auch Jesus trug, verunglimpfte Paulus als "Renegaten und falschen Apostel" und erklärten, seine götzendienerischen Schriften müssten vollständig verworfen werden." Gardner
Also suchte er sein Glück woanders und wurde so zum

„Apostel der Heiden"^(Römer 11,13 u.a.), denn diese kannten keine Jesus-Historie. Deshalb konnte er sie leichter mit seinen widersinnigen (wider den Sinn von Jesus Aussagen) Vorstellungen beeindrucken und überzeugen. Dort hatte er (unglücklicherweise für die gesamte Menschheitsentwicklung ☹ – andererseits zwangsläufig notwendig, damit die gesamte Geschichte so ablaufen konnte, wie sie es tat, nämlich perfekt ☺) ja dann auch Erfolg.

Seine Absicht gibt Paulus auch offen zu: „Aber dies bekenne ich dir, dass ich nach dem Weg, den sie eine Sekte nennen, so dem Gott meiner Väter (eben jener Jehova/ Jachweh/JHWH, AdV.) diene, indem ich allem glaube, was in dem Gesetz und in den Propheten geschrieben steht."
Apostelgeschichte 24,14

Was ihm ja auch glänzend gelungen ist.
So schreibt z.B. Eugen Drewerman: „... zeigt sich mehr und mehr, dass das Christentum aufgrund seiner spezifisch semitischen, jüdischen Geistesart einen außerordentlich gewalttätigen und rücksichtslosen Charakter an sich trägt, ..."
Christopher Süß drückt es so aus: „Christentum ist Judentum light."
Klaus Berger, emeritierter Professor für neutestamentliche Theologie formuliert es folgendermaßen: „Neu ist ganz sicher Christentum als eine Art >*Judentum für Heiden*<".
Carl Johan Callemann: „Das Christentum wurde zu einer proselytischen Religion." (Proselyten waren zum Judentum übergetretene Nicht-Juden)
Marcion, ein frühchristlicher Theologe schließt daher auch logisch und konsequent, dass der alttestamentarische Gott der Juden und der liebvolle Vater, von dem Jesus zu uns spricht, zwei verschiedene Gottheiten seien. Er verwarf also das Alte und die >judaistisch verfälschten< Teile des Neuen Testaments. Da man aber den bösen alten Gott machtpolitisch braucht, wenn man Menschen mit Angst manipulieren möchte, wurde Marcion 144.n.Ch. kurzerhand wegen Häresie exkommuniziert.

Zur Meisterschaft innerhalb der Freimaurerei gehört die grundlegende Erkenntnis, „dass Jehova-Gott, der Gott des Alten Testamentes, keinen Erlösungsgedanken aufweist. Daraus schlussfolgert sich auch logischerweise, dass er nicht die höchste Gottheit sein kann, also der liebende Vater wie Jesus ihn darstellt. Wenn er nicht der höchste Gott, also der „Oberchef" ist, wer ist er dann? Jehova-Gott ist der Herr der Welt, der Herr der Materie. Er ist nicht derjenige, der dem Wunschgedanken des Menschen entspricht, also dass es ein barmherziger, ein liebender Gott ist. Es ist ein furchterregender Gott, ein strafender Gott, ein Rachegott ..." Jan van Helsing, Geheimgesellschaften3

Und diese Religion wiederum ist geprägt von Geboten, Verboten, Bestrafungen, wenn man etwas nicht richtig macht. Also versuchen wir im Großen und Ganzen „gut" zu sein. Damit wir dann eben nicht bestraft sondern belohnt werden, z.B.: um in den Himmel oder eben auch mit in die Neue Zeit zu kommen.

Es stellt sich also die Frage:

Wer oder was ist Gott?

Offensichtlich gibt es zwei verschiedene Begrifflichkeiten von Gott.

I) Gott Jehova,

der Gott des Alten Testamentes, der Gott der Juden, der Christen und der Muslime (auch **Allah** der Gott der Mohammedaner gibt Gebote, Verbote, droht mit Bestrafungen bei Missachtung usw.)

– Jehova/Allah ist männlich.
Deshalb wird in der jüdisch-christlichen sowie der islamischen Kirche das Männliche über das Weibliche gestellt. Orthodoxe Juden beten noch heute folgendes Gebet als Teil der 18 Segnungen: „Gesegnet bist Du Herr unser Gott, König des Universums, dass Du mich nicht zum Heiden, ... zum Sklaven, ... zur Frau gemacht hast."
Es werden jedoch nicht nur Frauen aufgrund der jüdischen Einstellung unterdrückt, sondern auch die schändliche Behandlung unserer Mutter Erde hat hier ihren Ursprung, da in allen Kulturen der Himmel als männlich und die Erde als weiblich betrachtet wird.
Seltsam nur, dass ein männlicher Gott ihm zum Bilde Mann und Weib erschaffen haben soll. „Dann sprach Gott: Lasst <u>uns</u> Menschen machen als <u>unser</u> Abbild, uns ähnlich ... Und Gott schuf den Menschen ihm zum Bilde, zum Bilde Gottes schuf er ihn; und schuf sie einen Mann und ein Weib " Moses1, 26-27
Dieses „uns" wird im Folgenden in der Bibel näher erklärt:
„Da sich aber die Menschen begannen zu mehren auf Erden und ihnen Töchter geboren wurden, da sahen die Kinder Gottes (Bene Elohim) nach den Töchtern der Menschen, wie sie schön waren, und nahmen zu Weibern, welche sie wollten... Es waren auch zu den Zeiten Tyrannen auf Erden; denn da die Kinder Gottes zu den Töchtern der Menschen eingingen und sie ihnen Kinder gebaren, wurden daraus die Mächtigen der Ewigkeit..."
1. Mose 6, 1,3 + 4

Sie wurden Nephilim genannt und waren von riesenhafter Statur. Ihre Stärke war ebenso fürchterlich wie ihre Streitsucht, ihr Appetit immens. Sie verschlangen nicht nur sämtliche Nahrungsmittelressourcen der Menschen, sondern sie begannen sogar Menschen zu verzehren. Die Nephilim unterdrückten die Menschen und wurden zur Ursache massiver Zerstörung auf der Erde. Es war nicht so, dass diese Wesen, genannt die Nephilim oder Rephaim selten vorkamen, sie bildeten ganze Stämme mit mehreren Unterarten: die Anakim, die Zamzummin und die Emim. Nicht nur in der Bibel werden diese Riesen erwähnt; die Inkas und die Mayas berichten von ihnen, aber auch in der Ugaritischen Mythologie und in Phönizischen und Ammonitischen Inschriften werden sie erwähnt.

Eingemeißelt in den sumerischen Steintafeln wird von der Landung von Außerirdischen vom Planeten Niribu[44] vor 440 000 Jahren berichtet, die die Menschen mit Hilfe von Gentechnologie *erschufen*.

All dies weist stark darauf hin, dass Jehova, bzw die Elohim Außerirdische waren, die uns auch heute noch lenken und leiten, die uns halten wie wir Tierherden halten. (2 gute Bücher dazu: „Das Unternehmen Gott" von Judas Aries, sowie „Und die Annunaki schufen den Menschen" von Zecheria Sitchin). Wer richtig mutig ist, sollte sich mal mit dem Gedanken auseinandersetzen, dass diese Außerirdischen Reptiloide, sprich drachenartige Wesen sind, die mittels reingehaltenen Blutlinien der in der Bibel genannten Mischwesen noch heute die Menschheit lenken. Warum haben wohl alle großen Adelslinien Drachen in ihren Wappen, teilweise sogar Drachen, die Menschen fressen? (Literaturempfehlung: Holger Kalweit, „Die Trilogie der Drachen" oder David Icke (googlen Sie mal „reptiloid"))

---

[44] Inzwischen zerstörter Planet unseres Sonnensystems, der nach neuesten astronomischen Berechnungen genau an der Stelle existiert haben muss, an der er in den sumerischen Steintafeln in einem fehlerfrei eingezeichneten Sonnensystem seinen Platz einnahm.

– **Er ist ein Massenmörder und Auftraggeber von Mord, Massenmord und anderen Verbrechen.** z.B. kann er den Pharao nicht anders dazu bringen das Volk Israel ziehen zu lassen, als alle erstgeborenen Kinder des ägyptischen Volkes zu meucheln. (ziemlich hilfloser Gott, finden Sie nicht auch?)

– **Er befiehlt, Schwangeren den Bauch aufzuschlitzen:** „Samaria wird es büßen, denn es hat sich gegen Gott empört. Sie fallen durch das Schwert, ihre Kinder werden zerschmettert, ihre Schwangeren aufgeschlitzt." Hosea 14,1.

– **Er zwingt einen Vater wegen eines Gelübdes seine eigenen Tochter zu schlachten:** „Und Jephthah gelobte dem HERRN ein Gelübde und sprach: Gibst du die Kinder Ammon in meine Hand: was zu meiner Haustür heraus mir entgegengeht, wenn ich mit Frieden wiederkomme von den Kindern Ammon, das soll des HERRN sein, und ich will's zum Brandopfer opfern." Richter 11,31

– **Er „terrorisiert" Menschen dämonisch:** „Am folgenden Tag kam der böse Geist von Gott über Saul, so dass er im Hause drinnen raste;" 1-Samuel 18,10, ebenso 1-Samuel 16,14 oder 1-Samuel 19,19 und

– **bringt seinen Kindern das Kriegshandwerk bei:** „wollte erkennen, wie sich diese Generationen, die den Krieg nicht mehr kannten, verhalten würden, wenn er sie den Krieg zu führen lehrte." Richter 3,2

– **Er hat so wenig „Weit- und Überblick", dass er seine eigenen Entscheidungen bereuen muss**: „den HERRN aber reute es, dass er Saul zum König über Israel gemacht hatte." 1-Samuel 15,35

– **Er verlangt unbedingten Gehorsam**, erwählt sich „sein Volk", stellt es über andere, fordert Menschenopfern, ist Vergeltung übend und erpresserisch. Ein Gott, der sich nicht an die eigenen Regeln hält, die er seinem Volk abverlangt: „Du sollst nicht rachgierig sein noch Zorn halten gegen die Kinder deines Volks. Du sollst deinen Nächsten lieben wie dich selbst; denn ich bin der HERR." [3-Mose 19,18]

– Er ist jemand mit Gefühlen,
ist rachsüchtig[Römer 12,19 oder 5-Moses 32,35], zornig[4.Mose 25,3-8] eifersüchtig[2.Mose 34,14], ein eindeutiger Beweis dafür, dass er ein Ego hat, und somit nicht aus der Dimension des reinen Geistes kommen kann.

– Er ist der Herr der Welt, sprich der Dunkelheit.
Er repräsentiert das luziferische Prinzip. Das ist zwar etwas Böses aber nichts Schlechtes, denn ich brauche zwei Pole für eine Batterie. Wie will ich (mich als) Licht erfahren ohne die Dunkelheit. Jeder Maler kennt das Prinzip: Wenn ich Licht malen will, kann ich nicht weiße Farbe auf eine weiße Leinwand schmieren. Ich brauche einen möglichst dunklen Hintergrund, z.b. eine schwarze Gewitterwolke; wenn aus dieser dann ein weißer Strahl bricht, kann jeder sofort erkenne: das ist Licht.
Er ist geradezu das Gegenteil vom liebenden Vater von dem Jesus spricht, der seine Sonne über Gute und Böse gleichermaßen scheinen lässt.[Matthäus 5,45]

II) GOTT

So wie ihn uns die Mystiker und Erleuchteten aller Zeiten und aller Kulturen in Bildern und Metaphern beschreiben.

– er ist keine Person, schon gar keine mit einem Ego.
Er repräsentiert das Männliche und das Weibliche gleichermaßen. Elohim ist die Mehrzahl des Substantivs „El-h", denn He als Schusszeichen deutet im Hebräischen ein weibliches Geschlecht an. „Elo-h-im" nimmt jedoch, anstatt den weiblichen Plural auf „-oth" zu bilden, die gewöhnliche Endung des maskulinen Plurals ein, die durch „-im" ausgedrückt wird.
In der aramäischen Peshitta-Version der Bibel, wird Gott als „Awúhn d'bashmáya", was wörtlich „Muttervater alles Geschaffenen" heißt, bezeichnet.
„Einer von den Jüngern sprach: „Herr, von früher her ist geschrieben, die Elohim machten den Menschen nach ihrem eigenen Bilde und schufen Mann und Weib. Wie sagst du dann, dass Gott eins ist?" Und Jesus sprach zu ihnen: „Wahrlich, ich sage euch, in Gott ist weder Mann noch Weib, und doch sind beide eins, ist Gott beides in einem. Er ist Sie, und Sie ist Er. Elohim – unser Gott – ist vollkommen, unendlich und eines. Also ist in dem Manne der Vater verkörpert und die Mutter verborgen; so ist in dem Weib die Mutter verkörpert und der Vater verborgen. Darum soll der Name des Vaters und der Mutter gleichermaßen geheiligt werden; denn sie sind die großen Kräfte Gottes, und eines ist nicht ohne das andere in dem Einen Gott." _{Evangelium des vollkommenen Lebens}
Im chinesischen Daoismus besteht das Tao aus *Ying* und *Yang* ☯.

– Gott hat keine Emotionen
Emotionen sind ein Werkzeug des Egos. Kein Ego, also auch keine Gefühle. Das ist auch schon die Antwort auf die Frage, die mir so oft gestellt wird: „Warum lässt Gott

all das Leid dieser Welt zu, speziell das Leid der Kinder?" Eben weil Gott kein Leid kennt, denn das Leid basiert immer auf dem Ego und seinen Emotionen sowie der Idee des Egos, dass es besser wüsste, wie die Dinge sein sollten. Gott hat eben keinen Anteil an meinem Traum sondern ruht im bedingungslosen Sein.

Der bereits genannte Mystiker Johann Scheffler (Angelus Silesius, 1624 – 1677) drückt es so aus:
„Mensch, wenn dich weder Lieb` berührt noch Leid verletzt,
 So bist du recht in Gott und Gott ist in dich versetzt."

– Gott will nichts!
Gott spricht durch Neal Donald Walsh folgendes: „Du lebst dein Leben, so wie du es lebst, und ich habe in dieser Angelegenheit keine Präferenzen ... das ist die große Illusion, der du anheim gefallen bist: Du glaubst, dass Gott sich auf die eine oder andere Weise darum bekümmert, was du tust. Es bekümmert mich nicht, was du tust ..."

Mit Angelus Silesius Worten:
„Wir beten: >Es gescheh`, mein Herr und Gott, dein Wille!<
Und sieh, er hat kein Will`, er ist ein ew`ge Stille."

Anhang 2

Was sagt die Bibel zur Erschaffung von Himmel und Erde?

Dazu ist es wichtig zu wissen, dass es im alten Hebräisch keine Zeitformen gibt und damit auch keine Vergangenheitsform! (Wie kann also dann eine Übersetzung also lauten: „Am Anfang schuf Gott Himmel und Erde"?)

In den fünf heiligen Rollen der Tora wird ohne Wortteilung und Satzzeichen geschrieben, indem Konsonant auf Konsonant folgt. Im Original bilden alle Zeichen ein in sich zusammenhängendes Ganzes, das nur aus einer Kette von 19 Konsonantenzeichen (plus einem Halbvokal י und den zwei lautlosen Zeichen א und ע) besteht. Das alte Hebräisch ist eine reine Konsonantenschrift, Vokallaute findet man darin nicht. Die heute gebräuchlichen Vokalandeutungen – die sogenannten Massorah – die in Form von Punkten und Strichen um die Zeichen angeordnet sind, und die Worteinteilungen, wurden erst im achten Jahrhundert unserer Zeitrechnung eingeführt. Man findet diese Zeichen auch nur in Büchern und „nicht-heiligen" Rollen, nicht aber in den heiligen Rollen, welche unverändert sind.
Also kann z.B. die Kombination LB gelesen werden als Liebe, Laub, Laube, Leib, Laib, Laab, aber auch Elbe, Alba, Alb usw. Natürlich weiß man auch nicht, ob das Wort, das jetzt gesucht wird, nur aus diesen beiden Buchstaben L und B besteht, vielleicht müssten ja drei Konsonanten zu einem Wort verbunden werden; wenn die Buchstabenreihe z.B. KLBR wäre dann könnten auch Leber, lieber, Labor, aber auch Kalb, Kleber Eber oder Kleiber gebildet werden. Oder das L gehört zum vorigen Wort und das B zum nächsten und die beiden kommen gar nicht im selben Wort zusammen vor.
Der Beginn der Bibel (von rechts nach links gelesen):
בראשיתבראאלהיםאתהשמםצתוואתדארץ...

Von den etablierten Kirchen werden Dir diese Zeichen wie folgt übersetzt[45]:
„B'reshith bara Elohim eth ha schamajim w'eth hares"
„Im Anfang schuf Gott Himmel und Erde!"

Schon auf der reinen Lautebene sind aber mehrere Möglichkeiten von „Worteinteilungen" möglich. Die „offenste" Einsicht in das Geheimnis der Bibel wäre folgende „(Aus)-Lesung":

„Be resh ithbara Elohim eth haschem majim w' ath' [atha] ares"
„In ihrem Haupt erschaffen „die dualen [androgynen] Kräfte" den Gott „des dualen Wassers" und „Du bist" [siehst] die Erde!"

„Im Anfang" heißt auf Hebräisch „*be-resch-it*", wobei das Wort „*be*" „in, mittels, inmitten" und das Wort „*resch*" „Haupt" bedeutet! Diese unwissenden Kräfte befinden sich also in Deinem eigenen „Haupt".

Fazit: בראשיתבראאלהים kann sinnvoller übersetzt werden als: Inmitten des Hauptes/Kopfes erschaffen die Schöpferkräfte!

Ich übersetze frei: Im Bewusstsein erschaffen die Schöpferkräfte, d.h. die gesamte Schöpfung findet innerhalb des Bewusstseins statt, wieder mit anderen Worten: die gesamte Schöpfung ist ein Gedankengebilde, ein Traum (des Bewusstseins).
Wie schon in den alten indischen Schriften seit Jahrtausenden geschrieben steht: Diese Welt ist Maya, eine Illusion und hat nichts mit der wahren Wirklichkeit zu tun.

Somit bestätigt auch die (richtig gelesene) Bibel Dr. John Wheeler und sein oben genanntes Zitat: Das Bewusstsein ist Schöpfer!"

---
45 Im folgenden übernommen von Holofeeling.de

Anhang 3

Habe ich Entscheidungsfreiheit durch einen freien Willen?

Überlasse ich – als Seele – meiner Figur, dem Menschen, mit der ich an diesem Spiel teilnehme, wirklich die Entscheidungen, was sie tun und lassen will, und damit quasi dem Zufall, bzw. einer Spielfigur, die durch Triebe, Muster, Glaubenssätze, Ängste, frühere Erlebnisse, Programme, Erziehung, dem Ego usw. gesteuert wird, welche Erfahrung ich (eben als Seele) mache? Ich denke: Nein.

Platon: „Das stoffliche Universum ebenso wie das Ätheruniversum und die Seele gehorchen dem Gesetz des Schicksals, mit anderen Worten: der Notwendigkeit ... Damit wird gesagt: alles im Universum, Physisches, Feinstoffliches und Seelisches, sind genauestens festgelegt, es gibt keine Beliebigkeit."Holger Kalweit, Platons Totenbuch, S. 64

„Ich möchte Dich darauf aufmerksam machen, dass die einzige Freiheit, die Du bisher hattest, die Tatsache darstellt, dass Du nun am Ende Deines „Reife- und Gestaltungsprozesses" erkennen darfst, dass Du bisher nicht frei entscheiden konntest. Dies in Deiner Ganzheit erkennend, wirst Du dann so frei werden, wie Du es nie zu träumen gewagt hättest." Holofeeling

Die endgültige Wahrheit nach Ansicht von Sri Nisargadatta Maharaj: „Nichts geschieht, es sei denn es ist dies der Wille der Quelle, der Wille Gottes. Dies bedeutet zwingend folgendes: der Eindruck des eigenen Agierens ist eine Illusion."

Ramana Mahirishi: „Es gibt weder Schöpfung noch Zerstörung, weder Schicksal noch Meinungsfreiheit; weder Weg noch Vollendung; dies ist die letzte Wahrheit."

Safi Nidiaye: „Du denkst, du könntest das Leben formen nach deinem Geschmack, aber das Leben formt dich nach dem Geschmack des Höchsten."

Richard Sylvester: „Wir leben nicht, wir werden gelebt, das Leben lebt uns – und das ist wesentlich weniger anstrengend. Das Ich, das glaubt, dass ich mein Leben selber lebe, glaubt auch an Wahlfreiheit. Grübeleien wie die, ob ich heute mein rotes oder mein weißes Hemd anziehen soll, können zermürbend sein, ganz zu schweigen von den richtig großen Fragen, ob ich Maria oder Elisabeth heiraten soll, ob ich Arzt oder Architekt werden soll. Wenn das alles wegfällt, das kann wirklich sehr erleichternd und befreiend sein, zumal wenn dann noch gesehen wird, dass das hier, ganz ohne Storys, schon ein Wunder ist. Vielleicht fällt also auf, dass man nichts unternehmen und nirgendwohin gehen muss, um mehr aus diesem Leben zu machen oder irgendwo das Wunderbare zu finden – weil das hier schon das Paradies ist."Das Buch Niemand, S. 119

Die Essener, also jene Glaubensgemeinschaft, von der viele annehmen, dass Jesus ihr angehörte, so lehrt uns Flavius Josephus, glaubten daran, dass alle Ereignisse vorbestimmt sind (Ant. XIII.5,a).
In Qumran am Toten Meer wurden Texte gefunden, die dies bestätigen." Andreas/Davies, Das verheimlichte Wissen

Die Mystikerin Juliana von Norwich (1342-1423n.Ch.): „Und dieses Gesicht (AdV.: Vision) zeigte mir, dass er in allen Dingen ist ... und begriff und erkannte in diesem Gesicht, dass er alles tut, was getan wird ... Denn ich sah, dass Gott wahrhaftig alles tut, und wäre es noch so gering, und dass nichts von ungefähr oder durch Zufall getan wird, sondern alles durch die unendlich weise göttliche Vorsehung."

Im Buch „Das unpersönliche Leben" heißt es: „... und du wirst erkennen, dass Ich, Gott in dir, dein eigenes Selbst, alles tue, was du tust, und Ich tue es gut. Ich tue es, indem ich meine Idee ausdrücke, die immer sucht, sich in äußerer Form durch dich, meine lebendige Eigenschaft, als Vollkommenheit zu offenbaren, so wie sie im Ewigen, im Inneren ist."

Einer der spirituellsten Filme, die ich kenne, ist die Trilogie Matrix (man muss nur die ewigen Wahrheiten hinter der vordergründigen aktionsreichen Story lesen). In einer Szene geht der Hauptheld (der Erlöser) namens „Neo" zum Orakel und fragt dieses: „Ich weiß nicht, welche Entscheidung ich treffen soll." Das Orakel antwortet: „Neo, wir sind nicht hier um Entscheidungen zu treffen!" Auf die Nachfrage hin, wozu wir denn hier seien, antwortet das Orakel sinngemäß: „Um sich die Auswirkungen von Entscheidungen, die „Du" (woanders) getroffen hast, sowie die Gründe, warum Du sie getroffen hast, näher anzuschauen!"

Und ich denke, diese Aussage entspricht der Wahrheit. Alles ist längst entschieden und wir bekommen diese einzelne Entscheidung (bzw. ihre Ursachen und ihre Konsequenzen) hier nur in einer Art von Super-Zeitlupe „aufgedröselt" um uns selbst ein besseres Verständnis davon zu vermitteln.

Sogar die Wissenschaft beginnt sich allmählich mit diesem Weltbild anzufreunden. Die Quantenphysik hat immer neue, immer tiefere Einblicke in die Struktur der Materie erschlossen. Fasziniert steht der moderne Physiker oder Biologe vor einem sich ständig vertiefenden und ständig kunstvoller werdenden Panorama von eng ineinandergeschlossenen Symmetrien von tiefgründig mathematischer Art. „Die letzten Bausteine der Materie, die langsam offenbar werden", schreibt Paul Davies, „bilden eine Welt von erstaunlicher Ordnung und Harmonie. Die Gesetze der Physik fügen sich ineinander mit so exquisiter Konsequenz und solchem Zusammenhang, dass der Eindruck eines vorbestimmten Planes überwältigend ist." Also auch so gesehen lautet die klare Antwort auf die

Frage, ob der Mensch einen freien Willen hat und somit Entscheidungsfreiheit, ein klares Nein!

Selbst Paulus bestätigt dies indirekt: „Denn ich sage durch die mir gegebene Gnade jedem, der unter euch ist, nicht über das hinaus zu sinnen, vorbei an dem, was zu sinnen nötig ist, sondern darauf zu sinnen, dass er vernünftig sei, wie Gott *einem jeden das Maß des Glaubens zuteilte*." Römer 12,3 Also kann es nicht meine Entscheidung sein, was ich glaube. Wie kann ich aber einen freien Willen haben, wenn ich keinen freien Willen habe, etwas zu glauben?

Der emeritierte Professor für neutestamentarische Theologie Klaus Berger schreibt: „Gott, er allein, kann die Herzen der Menschen bewegen, so dass sie Reue und Umkehr üben." Wenn nur er alleine das kann, dann kann ich das folglich nicht. Aus und vorbei mit Willens- und Entscheidungsfreiheit.

Und „Meister Eckharts Ansicht nach muss man sich den Willen Gottes so voll und ganz zu eigen machen, dass man sogar die eigenen Sünden als gottgegeben hinnimmt. Man dürfe sie zwar fühlen, aber sich nicht deshalb grämen. Gott wolle nur das Gute, was für den Menschen böse aussehe, könne in Wirklichkeit zu seinem Besten sein[46]."

Nehmen wir (der Einfachheit halber) einmal an, dass alle Entscheidungen von meiner Seele getroffen werden. Meine Seele existiert aber außerhalb von Raum und Zeit, haben wir jedenfalls oben festgestellt. Daraus folgt, dass die ganze Reise durch die Dunkelheit, die ganze Reise des verlorenen Sohnes (im Gleichnis bei Jesus) im ewigen Hier und Jetzt gleichzeitig, bzw. zeitlos erfolgt. Der Beginn und das Ende finden also gleichzeitig – im ewigen Jetzt – statt. Und natürlich auch jeder Schritt und alle

---

[46] So sagt Mephistopheles im Faust: „Ich bin Teil von jener Kraft, die stets das Böses will und stets das Gute schafft."

Entscheidungen, die mit jedem einzelnen Schritt getroffen werden müssen und auch getroffen werden. Das heißt unter Einbeziehung der Zeit: sie sind längst getroffen und zwar von mir in meiner Essenz (reines Bewusstsein); und ich (als Mensch) bin nur noch hier um sie (für meine Seele, bzw. für das reine Bewusstsein, für den Geist) genauer anzuschauen.

So wie ein Theaterbesucher sich ein Stück anschaut, vielleicht in dem naiven Glauben, das Ende sei offen und kann durch die Aktionen der einzelnen Rollen noch beeinflusst werden; natürlich nicht, denn das Ende ist längst im Drehbuch festgelegt und auch jeder Satz aller Beteiligten, der zu diesem festgelegten Ende führt.

Die Quintessenz lautet also: „Alles ist festgelegt seit Anbeginn der Zeit!"[47])
Alles ist festgelegt seit Anbeginn der Zeit! Was für eine Aussage. Darüber muss man schon ein bisschen

---

47 Ramesh Balsekar, ein Schüler von Sri Nisargadatta Maharaj formuliert es so: „ The film is in the can" (Der Film ist längst abgedreht).
Gary Renard beschreibt eine Erfahrung dieser Tatsache: „Ich hatte das überwältigende Gefühl, dies sei irgendwie >niedergeschrieben< und *müsse* gerade so ablaufen. Ich konnte nichts daran ändern ... Auch wenn ich es gewollt hätte, konnte ich es nicht aufhalten ... Es war vorbestimmt und beschlossene Sache, bevor es eintraf ... alles war ein Drehbuch, in dem mitzuspielen ich mich einverstanden erklärt hatte. Hier war ich nun und durchlief alles anscheinend zum ersten Mal, wobei der Film in Wirklichkeit bereits abgedreht und ich ein Beobachter war ... Interessanterweise empfand ich bei diesem Erlebnis nicht das geringste Verlustgefühl. Vielmehr verspürte ich eine große Freiheit, denn jetzt konnte ich die Dinge geschehen lassen, statt sie bewirken zu wollen."

Ich selbst erhielt genau diese Aussage direkt vom Licht in mehreren Lichtreisen.
(siehe www.ganzheitliche-Heilung.info).

nachdenken. Und wenn man es dann annehmen kann, entspannt es die gesamte Situation enorm.
Ich kann keine Fehler machen!!! Jede Entscheidung, die ich (angeblich) treffe, war sowieso genau die Entscheidung, die seit Anbeginn der Zeit genau so vorgesehen war. Wen man darüber nachdenkt und diese Wahrheit erkennt, nimmt das jeglichen Druck aus seinem Leben. Ich kann mich entspannt zurücklehnen und mir den Film des Lebens anschauen.
Und ich kann genau das tun, was mir gefällt, was mir Spaß macht, was ich eigentlich und wirklich tun will. Ich brauche mich nicht mehr zu richten nach Maßstäben, die andere im Außen aufgerichtet haben und ich brauche mich nicht zu be- oder verurteilen nach Kriterien, die ich mir selbst auferlegt habe (und eigentlich vom Außen übernommen habe).

Ich bin, was ich gerade bin; im Moment der Superzeitlupe des ewigen Jetzt. Und das, was ich bin, ist gerade das, was der jeweiligen Stufe, die in der oben genannten Superzeitlupe gerade beleuchtet wird, entspricht.

Wenn ich ein Same bin, bin ich kein Baum. Ist der Same schlechter als der Baum? Natürlich nicht, jedes Kind kann diese Frage richtig beantworten. Es ist das Selbe, nur in einem anderen Stadium. Aber kann jemand sagen, dass ein Stadium besser sei als das andere? Ist ein Baby besser oder schlechter als der gleiche Mensch 4o Jahre später als Hochschulprofessor?

Und wenn ich das bin, was ich bin, entspannt es die Situation enorm, wenn ich das, was ich bin, annehme. Um auf oben genanntes Beispiel zurückzukommen: Wenn ich eine Raupe bin, bin ich eben noch kein Schmetterling!

Ein jeder Mensch weiß – ab einem gewissen Stadium seines Weges -, dass er eigentlich etwas anderes ist, aber um wirklich vorwärts zu kommen, muss er das, was er/sie ist (d.h. den Stand seines eigenen Traumes), anerkennen und von dort agieren. Und das tut auch jeder automatisch; darüber muss er/sie nicht mal nachdenken (was er/sie dann ab einem bestimmten Stadium aber doch tut, speziell wenn er in der Esoterik-Falle sitzt), so wie kein Kind darüber nachdenkt, dass es ja seine „Aufgabe" ist, zu wachsen. Es wächst einfach und genauso entwickeln wir uns; vorbestimmt und festgelegt seit Anbeginn der Zeit.

Anhang 4

Gibt es Schuld?

Es gibt keine Schuld – in der tibetischen Sprache gibt es noch nicht einmal ein Wort für Schuld – und damit gibt es auch keine Bestrafung.
Wohl aber gibt es Schuldgefühle und daraus resultierend Selbstbestrafung. Und es gibt projizierte Schuldgefühle und daraus resultierend die Verurteilung anderer (z.B. Gott, Menschen oder Umstände).

Warum gibt es keine Schuld?
Diese Antwort kann aus mehreren Ebenen heraus begründet werden:

Schuld beruht auf einem Urteil. Was mache ich wenn ich urteile? Ich teile das Ur; Ur bedeutet auf hebräisch das wahre Licht (deines Ur-sprungs). Mit einem Urteil wird also Gottes perfekte Schöpfung geteilt in „Gut und Böse" oder „Richtig und Falsch".
Ein anderes Wort für urteilen ist richten. Wenn ich etwas richte, versuche ich es besser, vielleicht sogar wieder ganz zu machen. Das impliziert, dass es vorher weniger ganz oder kaputt gewesen sein muss. Da aber Gottes Schöpfung nichts weniger als perfekt ist, macht jedes urteilen oder richten die Sache weniger als perfekt, verschlechtert sie.

Daraus folgt zwingend, dass es in Gottes vollkommener Schöpfung keine Schuld geben kann!

Die endgültige Wahrheit besteht nach Ansicht von Ramana Mahirishi und Nisargadatta Maharaj darin, dass nichts geschaffen oder zerstört wird, dass es weder Geburt noch Tod gibt, weder Schicksal noch freier Wille. Alles was es gibt, ist einfach Bewusstsein, genannt die Quelle, die Eine ohne eine Zweite. Nichts geschieht, es sei denn es ist dies der Wille der Quelle[48], der Wille Gottes. Und Gott kann ja wohl nicht schuldig werden ☺.

Die Mystikerin Juliana von Norwich bestätigt dies: „und begriff und erkannte in diesem Gesicht (=Vision, AdV.), dass Er alles tut, was getan wird .. Denn ich sah, dass Gott wahrhaftig alles tut, und wäre es noch so gering, und dass nichts von ungefähr oder durch Zufall getan wird, sondern alles durch die unendlich weise göttliche Vorsehung; daher konnte ich umhin zuzugeben, dass alles, was getan wird, wohlgetan ist, und doch war ich sicher, dass Gott keine Sünde tut; deshalb schien mir die Sünde ein Nichts zu sein, denn in allem ward mir keine Sünde gezeigt."
Keine Sünde => keine Schuld!

Alles ist nur ein Traum: Wenn es nicht real ist und keinerlei Bedeutung besitzt, wie sollte man dann überhaupt schuldig werden können? „Wenn die anderen unschuldig sind weil sie in Wirklichkeit nichts getan haben, dann bist *du* unschuldig weil du in Wirklichkeit nichts getan hast."
Renard, Unsterblich

Jeder Mensch ist die Projektion seiner Seele in das raumzeitliche Hier und Jetzt. In diesem Projektionsbrennpunkt hat sie einen gewissen Stand auf der Reise aus dem Vaterhaus (Geist oder Licht) zurück ins selbige. Niemand aber kann anders handeln als es sein Stand ihm/ihr ermöglicht. Einem Dreijährigen vorzuwerfen, er können noch keine mathematische Integralrechnung wäre Schwachsinn, jeder kann das einsehen. Von niemandem kann ein ethisch-moralisch hochstehendes Handeln verlangt werden, der eine solche Stufe noch nicht erreicht hat; ist doch eigentlich genauso leicht einzusehen. Ergo: wenn ich meinem Stand entsprechend handle, kann ich nicht schuldig werden.

---

[48] Dies bedeutet aber zwingend folgendes: der Eindruck des eigenen Agierens ist ein Illusion.

Warum ist meine Seele ursprünglich auf die Reise gegangen und in den Traum eingestiegen (worden)? Weil sie Erfahrungen machen wollte (oder sollte). Und da unterscheidet die Seele (bzw. der Geist) nicht in gute oder schlechte; jede Erfahrung will gemacht werden, jede Erfahrung ist gleichwertig. Kein Platz für das Gedankengut „Schuld".

Ein weiterer Gedankengang, basierend auf einem kirchlichen Weltbild: Gott schuf den Menschen! Er schuf ihn mit einem freien Willen! Und wenn jener dann diesen freien Willen nutzt, soll er schuldig werden können? Was für ein freier Wille soll das denn sein? Und dann bestraft Gott den, der seinen freien Willen nutzt, unter Umständen, auch noch mit ewiger Verdammnis. Und das soll dann der Gott der Liebe sein???
Dieser Gedanke ist für mich genauso abwegig, wie der Gedanke, dass Gott seinen eingeborenen Sohn „opferte" um uns zu erlösen. Was für ein Gott soll das denn sein, der seinen Sohn opfern muss, um seinen Willen zu bekommen (uns zu erlösen), etwa derselbe Gott, der sprach: „Es werde Licht" und es ward Licht (völlig ohne Opfer)? Und auf die Frage, wem er eigentlich geopfert hat, habe ich immer noch keine Antwort gefunden.

Wenn Gott den Menschen erschuf, dann ist der Mensch vollkommen, denn Gott schafft Nichts, was weniger als vollkommen ist. Wenn der Mensch aber vollkommen ist, dann ist er ohne Schuld!

Und noch ein Gedankengang basierend auf dem katholischen Glauben: „denn alle haben gesündigt und die Herrlichkeit Gottes verloren. Doch werden sie allein durch seine Gnade ohne eigene Leistung gerecht gesprochen, und zwar aufgrund der Erlösung, die durch Jesus Christus geschehen ist." Roemer 3,23-24

Das ist die Lehre der katholischen Kirche, die besagt, dass ich generell schuldig und sündig bin und dass ich

immer der Gnade Gottes bedarf, um vor der ewigen Verdammnis errettet zu werden.
Jetzt schreibt der emeritierte Papst Benedikt XVI aber: „Weil es immer Gott selbst ist, der in allen wirkt". Immer und in allen; wenn das stimmt – und so weit ich weiß, muss es stimmen, weil der Papst ja unfehlbar ist ☺ – dann muss er auch in mir wirken. Und wenn er es ist, der in mir wirkt, kann er mich nicht verurteilen, denn dann würde er ja sich selbst verurteilen.
Oder gehört das ins Kapitel „Paradoxien", dass er in mir wirkt – und ich dann dafür, von ihm und für sein eigenes Wirken, schuldig gesprochen und verurteilt werde?? ☹ ☹ .....
.. und außerdem ist die Erlösung doch passiert, wie eben geschildert, durch Jesus Christus ☺ ☺ ☺ ...
wieso kann ich dann noch verurteilt werden????? Ein ziemlich verworrener Gedankenmischmasch. ☹ ☹ ☹ ☹